Matthias Fischer · Thomas J. Wiendl
Schnellkurs Öffentlichkeitsarbeit

Kaufmännisches Grundwissen
für Neu- und Quereinsteiger

Matthias Fischer
Thomas J. Wiendl

Schnellkurs Öffentlichkeitsarbeit

Die Deutsche Bibliothek – CIP-Einheitsaufnahme

Ein Titeldatensatz für diese Publikation ist bei
Der Deutschen Bibliothek erhältlich.

Das Werk und seine Teile sind urheberrechtlich geschützt. Jede Verwertung
in anderen als den gesetzlich zugelassenen Fällen bedarf deshalb der vorherigen
schriftlichen Einwilligung des Verlages.

Lexika Verlag erscheint bei Krick Fachmedien GmbH + Co. KG, Würzburg

© 2002 Krick Fachmedien GmbH + Co. KG, Würzburg
Druck: Schleunungdruck, Marktheidenfeld
Printed in Germany
ISBN 3-89694-315-4

Vorwort

"Eine Pressemitteilung an die Medien zu faxen ist so ziemlich das Blödeste, was man heutzutage tun kann."
(Sylvia Paull; amerikanische Öffentlichkeitsarbeiterin der Spitzenklasse)

Öffentlichkeitsarbeit im neuen Jahrtausend funktioniert nicht mehr nur nach alten Mustern. Deshalb wollen wir Ihnen in unserem Schnellkurs einen praktischen Leitfaden zur Erstellung und Umsetzung öffentlichkeitswirksamer Maßnahmen liefern. Gleichwohl werden selbstverständlich auch die klassischen Instrumente der Öffentlichkeitsarbeit soweit als möglich und nötig beleuchtet.

Wir alle leben in einer von den Medien bestimmten Gesellschaft. Das heißt kurz gesagt, dass die uns täglich von Internet, TV und Presse offerierte Scheinrealität einen permanent steigenden Einfluss auf die Gesellschaft und damit auf das Verhalten des Verbrauchers nimmt. Parallel hierzu hat sich die Kommunikation gewissermaßen zum wichtigsten Teilbereich demokratischer Staaten entwickelt. Wahlen ohne inszenierte Auseinandersetzung und Polemisierung in den Medien? Öffentliches und kulturelles Leben ohne TV bzw. Hörfunk? Absatz ohne Werbung? Mittlerweile unvorstellbar!

Daraus kann man ohne Übertreibung schlussfolgern: Kein Kundenvertrauen ohne schlüssige Öffentlichkeitsarbeit; denn die so genannte Second-Hand-Realität der Medien (deren Wahrheitsgehalt der potenzielle Käufer schon längst nicht mehr prüfen kann) überlagert und formt immer mehr die tatsächliche Wirklichkeit.

Nochmals zur Verdeutlichung: Der Medienmarkt ist ein Informationsmarkt, auf dem sich die Nachfrage nach Informationen mit dem Angebot an *News & Infos* trifft. Es handelt sich hierbei jedoch um einen ganz speziellen Markt, weil in der Regel nicht der Preis als Ergebnis des Aufeinandertreffens von Angebot und Nachfrage entscheidend ist, sondern die Wertschätzung der Nachfrager als Gegenleistung für die Information. Das heißt im Klartext für Sie als Existenzgründer bzw. Leiter eines kleinen oder mittleren Unternehmens: Aufrichtigkeit im Umgang mit den Medien zahlt sich mittel- bis langfristig immer aus.

Im alltäglichen Sprachgebrauch wird Öffentlichkeitsarbeit häufig mit Public Relations und Werbung gleichgesetzt, seltener u.a. mit Marketing und Lobbying. Um Ihnen die Arbeit zu erleichtern, werden wir im 1. Kapitel auf Gemeinsamkeiten und

Unterschiede zum Begriff Öffentlichkeitsarbeit eingehen. In den Kapiteln 2 und 3 wird das theoretische Grundwissen vermittelt, welches Sie – liebe Leserinnen und Leser – in die Lage versetzen soll, bereits ab Kapitel 4 aktiv Öffentlichkeitsarbeit zu betreiben. Besonders die Übungen in Kapitel 4.6 helfen Ihnen, das eben Gelernte anzuwenden. Bereits im theoretischen Teil wird deshalb auf sie hingewiesen. Last but not least dient Ihnen ein Begriffsregister im Anhang beim täglichen Nachschlagen zum Thema PR.

Der vor Ihnen liegende *Schnellkurs Öffentlichkeitsarbeit* ist eines mit Sicherheit nicht: Ein weiterer ausufernder Beitrag zur Verwissenschaftlichung dieses Themas. In diesem Sinne wünschen wir Ihnen viel Vergnügen beim Lesen, Lernen und Anwenden.

Neutraubling und München, im März 2002,
Matthias Fischer und Thomas J. Wiendl

Inhaltsverzeichnis

Vorwort ... 5

1 Öffentlichkeitsarbeit – das Grundwissen ... 9
1.1 Was versteht man unter Öffentlichkeitsarbeit? ... 9
1.2 Wie unterscheidet sich Öffentlichkeitsarbeit von 10
1.2.1 ... Public Relations? ... 10
1.2.2 ... Werbung? ... 10
1.2.3 ... Marketing? ... 11
1.2.4 ... Lobbying? ... 12
1.3 Was zeichnet einen guten Öffentlichkeitsarbeiter aus? ... 13

2 Öffentlichkeitsarbeit – die Medien ... 15
2.1 Die Printmedien ... 16
2.1.1 Die Zeitung ... 16
2.1.2 Die Zeitschrift ... 19
2.1.3 Prospekt/Broschüre ... 20
2.1.4 Plakat ... 23
2.1.5 Flugblatt ... 25
2.2 Die elektronischen Medien ... 27
2.2.1 Hörfunk ... 27
2.2.2 TV/Film/Video ... 28
2.2.3 Foto ... 30
2.2.4 Telefon ... 31
2.3 Die digitalen Medien ... 32
2.3.1 CD-ROM ... 32
2.3.2 E-Mail ... 33
2.3.3 World Wide Web ... 36

3 Öffentlichkeitsarbeit – die Planung ... 39
3.1 Strategieplanung und Zielgruppensegmentierung ... 40
3.2 Die Mittelplanung ... 44
3.3 Die Aktionsplanung ... 47
3.3.1 Ein Fall aus der Praxis ... 47
3.3.2 Medienauswahl ... 49
3.3.3 Mediengestaltung ... 51
3.3.4 Pretests und Kontrolle ... 54

4	**Öffentlichkeitsarbeit – die Umsetzung**	55
4.1	Der Kontakt zu den Medien	55
4.1.1	Mit Medienvertretern und Multiplikatoren auf Du und Du	55
4.1.2	Aufbau eines Presse- bzw. Medienverteilers	58
4.2	Wie schreibt man eine Presse- bzw. Medienmitteilung?	59
4.3	Medienveranstaltungen organisieren – leicht gemacht	63
4.3.1	Presse- bzw. Medienkonferenz	64
4.3.2	Tag der offenen Tür	67
4.3.3	Messeauftritt	72
4.3.4	Medienpartys	76
4.4	Öfter mal was Neues oder Was man von den „Großen" lernen kann	78
4.5	PR in der Krise – die Hohe Schule der Öffentlichkeitsarbeit	81
4.6	PR – die Übung	85
5	**Schlusswort**	91
	Anhang 1 – Ethik in der Öffentlichkeitsarbeit	93
	Anhang 2 – Öffentlichkeitsarbeit – kurz erläutert	99
	Recherchierte Online-Adressen und Literaturverzeichnis	105
	Stichwortverzeichnis	109

1 Öffentlichkeitsarbeit – das Grundwissen

Der Beginn der modernen Öffentlichkeitsarbeit in der Bundesrepublik Deutschland lässt sich ziemlich genau datieren: Am 1. März 1950 beauftragte der Deutsche Industrie- und Handelstag (DIHT) Prof. Dr. Albert Oeckl mit der Leitung seiner Presseabteilung. Da die damalige Hauptgeschäftsführung mit dem Begriff Public Relations wenig anfangen konnte, übersetzte Oeckl diesen einfach mit „Öffentlichkeitsarbeit" und meinte damit Folgendes:

> Arbeit in der Öffentlichkeit, Arbeit für die Öffentlichkeit und – ganz entscheidend – Arbeit mit der Öffentlichkeit.

1.1 Was versteht man unter Öffentlichkeitsarbeit?

Nach Oeckl ist „*Öffentlichkeitsarbeit das bewusste, geplante und dauernde Bemühen, gegenseitiges Verständnis und Vertrauen in der Öffentlichkeit aufzubauen und zu pflegen ...*". Balfanz fügt hier ergänzend hinzu: „*... auf der Basis einer systematischen Erforschung der Öffentlichkeit und deren Einstellung gegenüber der Organisation bzw. Person ...*". Man kann dies auch kurz und knapp in der so genannten „Oeckl-Formel" darstellen:

Öffentlichkeitsarbeit = Information + Anpassung + Integration

Öffentlichkeitsarbeit wird von Menschen erdacht und für Menschen gemacht! Deshalb gibt es auch keine betriebs- oder personenspezifischen Grenzen. Öffentlichkeitsarbeit ist an allen Orten und zu jeder Tages- und Nachtzeit möglich und – nicht nur in Krisenzeiten – manchmal auch dringend geboten. Das sollten Sie, ganz egal ob Existenzgründer oder Vorstandsvorsitzender, nachhaltig verinnerlichen.

Hauptziele der Öffentlichkeitsarbeit sind die Steigerung des Bekanntheitsgrades und der Aufbau eines positiven Images bei potenziellen und tatsächlichen Kunden bzw. Käufern. Die Öffentlichkeitsarbeit bereitet damit gewissermaßen den Boden, auf dem der Firmenerfolg gedeihen kann. Daran denken kleinere und mittlere Unternehmen leider auch heute noch viel zu wenig. Deshalb müssen Sie sich ein ungeschriebenes Gesetz der Öffentlichkeitsarbeit immer vergegenwärtigen: Wer die Kommunikation hat, hat den Erfolg.

1.2 Wie unterscheidet sich Öffentlichkeitsarbeit von ...

1.2.1 ... Public Relations?

Eigentlich gar nicht; denn wie bereits in den Punkten 1 und 1.1 angesprochen und historisch erläutert, werden die Begriffe Öffentlichkeitsarbeit und Public Relations in der Regel als Synonyme verwendet. Gleichwohl möchten wir Ihnen die Definition der Deutschen Public Relations Gesellschaft, als der PR-Interessenvertretung schlechthin, nicht vorenthalten. Sie lautet:

> PR ist das *„bewusste, geplante und dauerhafte Bemühen um ein Vertrauensverhältnis zwischen Unternehmen, Institutionen oder Personen und ihrer Umwelt. Öffentlichkeitsarbeit meint vor allem aktives Handeln durch Informationen und Kommunikation auf konzeptioneller Grundlage. Sie ist darum bemüht, Konflikte zu vermeiden oder bereinigen zu helfen."*

Seien Sie gegenüber der Öffentlichkeit weitestgehend offen, aufrichtig und sachlich – oder einfach gesagt – authentisch in Ihrem Handeln. Dann können Sie das, was Sie für Ihr Unternehmen tun, nennen wie Sie wollen: Öffentlichkeitsarbeit oder PR.

1.2.2 ... Werbung?

Werbung und Öffentlichkeitsarbeit haben eines gemeinsam: Die absichtliche und zwangfreie Form der Beeinflussung von potenziellen Kunden oder Käufern. Sie unterscheiden sich jedoch dahingehend, dass bei der Öffentlichkeitsarbeit im Allgemeinen das Unternehmen als Ganzes im Vordergrund steht, während die Werbung meistens bestimmte Produkte oder Dienstleistungen herausstellt. Zudem wird eine wirkungsvolle Öffentlichkeitsarbeit immer für einen längeren Zeitraum angelegt, wohingegen Werbekampagnen eher kurzfristiger Natur sind. Darüber hinaus lässt sich der Werbeerfolg häufig leichter feststellen (Umsatz- und Absatzzahlenentwicklung, Pretest etc.) als die Wirkung von Öffentlichkeitsarbeit.

Gute Werbung leistet oftmals Vorschub für eine gute Öffentlichkeitsarbeit. Bestimmt erinnern Sie sich noch daran, wie viele kostenlose, positive PR-Artikel und Sendeminuten die AUDI AG aus dem „Wackel-Elvis-Kult-Spot" generieren konnte.

1.2.3 ... Marketing?

Auch wenn der Begriff Marketing schon längst in den allgemeinen Sprachgebrauch übernommen wurde und permanent durch sämtliche Gazetten geistert: Noch heute ist mit diesem Ausdruck kein einheitliches Vorstellungs- bzw. Erscheinungsbild verbunden. Wir halten uns deshalb an die Charakterisierung von Prof. Dr. Hans Christian Weis, der Marketing wie folgt definiert:

> *„Heute wird Marketing überwiegend als Ausdruck für eine umfassende Konzeption des Planens und Handelns gesehen, bei der, ausgehend von systematisch gewonnenen Informationen, alle Aktivitäten eines Unternehmens konsequent auf die gegenwärtigen und künftigen Erfordernisse der Märkte ausgerichtet werden, mit dem Ziel, die Bedürfnisse des Marktes zu befriedigen."*

Heißt demnach: Sowohl Marketing als auch Öffentlichkeitsarbeit orientieren sich am gleichen Ziel: mit den vorhandenen Produkten oder Dienstleistungen die Wünsche der Kunden respektive Käufer bestmöglich zu bedienen. Deshalb sollten sich die wesentlichen Bausteine einer Marketingkonzeption in weiten Teilen auch im PR-Konzept wiederfinden.

Sie als Unternehmer sollten alles dafür tun, dass nur solche Produkte oder Dienstleistungen das Licht der Welt erblicken, für die Ihre Marketingfachleute einen Bedarf ermitteln konnten. Diese Marktnische sollten Sie dann auch schnellstmöglich besetzen und durch Ihre Öffentlichkeitsarbeiter PR-mäßig optimal aufbereiten lassen.

Marketing und Öffentlichkeitsarbeit unterscheiden sich in einem Punkt gravierend: Wie bereits eingangs ausgeführt, versteht man heute unter Marketing nicht mehr nur die Gesamtheit aller Maßnahmen, die unmittelbar auf den Verkauf und Vertrieb von Produkten und Dienstleistungen ausgerichtet sind, sondern vielmehr eine unternehmerische Sicht- und Handlungsweise, die davon ausgeht, dass sich alle Unternehmensaktivitäten zur optimalen Erfüllung der Unternehmensziele am Markt zu orientieren haben. Wohingegen es sich bei der Öffentlichkeitsarbeit lediglich um ein sehr wichtiges Instrument zur Erreichung dieses Ziels handelt. Wie hat es doch Klaus Kocks, der frühere PR-Chef des VW-Konzerns, einmal drastisch und treffend formuliert: *„Ein gescheites Unternehmen ist auch durch eine lausige PR-Abteilung nicht zu ruinieren."*

Gute Öffentlichkeitsarbeit kann maximal eine verständnisvolle, positive Grundeinstellung beim Objekt der Begierde, dem tatsächlichen oder potenziellen Nachfrager, erreichen. Aber eines kann sie bis dato leider noch nicht: Nicht marktfähige Produkte oder Dienstleistungen marktfähig machen.

1.2.4 ... Lobbying?

Überhaupt nicht. Denn Lobbying umschreibt eine ganz spezielle Form der Öffentlichkeitsarbeit. Die „Mutter aller Lobbys" war und ist die Wandelhalle im britischen Parlament oder genauer gesagt: Im *House of Commons*, dem Unterhaus. Ohne Frage – der ideale Ort für Verhandlungen zwischen Abgeordneten und Außenstehenden. Daraus entstand in den USA der Begriff des Lobbying, in Deutschland auch als Lobbyismus bekannt und manchmal auch gefürchtet. Darunter versteht man die Beeinflussung der gesetzgebenden Volksvertreter. Heute setzt Lobbying vielfach schon wesentlich früher ein, noch bevor sich das Parlament mit einem Gesetzentwurf beschäftigt hat. Sei es, dass Lobbyisten einzelner Interessengruppen Abgeordnete veranlassen, einen Gesetzentwurf bestimmten Inhalts im Parlament einzubringen, oder dass sie auf die mit der Ausarbeitung eines Gesetzentwurfs beschäftigten Ministerien gezielt Einfluss nehmen. Eines sollten Sie dabei als vielleicht finanzstarker Geschäftsmann beachten: Lobbying ist nur dann eine legitime Sache, sofern die Spielregeln in Form von Gesetzen und Verordnungen eingehalten werden.

Für Sie als Existenzgründer oder Jungunternehmer dürfte aber eine andere Spielart des Lobbying viel interessanter und nützlicher sein: Das Medienlobbying. Die alte Psychologenfaustregel „Nähe schafft Sympathie" gilt selbstverständlich auch für Medienvertreter.

> Seien Sie erfinderisch – laden Sie ab und an ausgewählte Journalisten zu einem kleinen Medienfrühstück in Ihr Lieblingscafé ein, nutzen Sie jede Chance für einen kleinen Plausch mit der „Medienmeute", insbesondere auch bei anderen Veranstaltungen, bei denen Sie selbst nur Gast sind (Vereins- und Parteiveranstaltungen, Messen, IHK-Empfänge etc.). Freunden Sie sich mit den örtlichen Pressefotografen bzw. den Kameramännern der lokalen TV-Stationen an. „Füttern" Sie Ihren Lieblingsjournalisten ganz gezielt mit Infos, die ja nicht immer nur etwas mit Ihrem Unternehmen zu tun haben müssen. Machen Sie eines ganz ungeniert: Schaffen Sie sich eine Medienlobby! Aber widerstehen Sie bitte der

> Versuchung, sich durch zweifelhafte PR-Aktionen zum lokalen Medienclown zu entwickeln. Dies würden nur die wenigsten Ihrer Kunden oder Käufer gut heißen.

1.3. Was zeichnet einen guten Öffentlichkeitsarbeiter aus?

Auch wenn es viele PR-Profis nicht gern hören: Gute Öffentlichkeitsarbeit hat nur zum Teil mit persönlicher Begabung, aber viel mit harter Arbeit und langjähriger Kontaktpflege zu tun. Gleichwohl ist eines natürlich unbestritten: Eine gute bis sehr gute Allgemeinbildung und die Liebe zu Wort und Schrift sind neben einer stark ausgeprägten mentalen Beweglichkeit unverzichtbare Grundlagen für den nachhaltigen Arbeitserfolg in Sachen Kommunikation. Aber über alle anderen erforderlichen Fähigkeiten verfügen Sie als Existenzgründer oder Jungunternehmer meist sowieso. Oder wie hätten Sie es ohne Ich-, Sozial-, Führungs- und Kommunikationskompetenz schaffen sollen, eine Idee – in der Regel gegen den Widerstand bürokratischer Bedenkenträger – erfolgreich in die Tat umzusetzen? Auch der häufig in PR-Stellenausschreibungen genannte Begriff „Stressresistenz" ist Ihnen aus Ihrer täglichen Arbeitspraxis mit Sicherheit vertraut. Vielleicht fragen Sie sich nun noch:

> **!** Was versteht man eigentlich genau unter den vorher aufgeführten Kompetenzen? Kein Problem: Innovative Neugier, Engagement, Selbstdisziplin, Weitsicht und kreative Unruhe sind wichtige Eigenschaften der Ich-Kompetenz. Verantwortungsbewusstsein, Offenheit, Toleranz und Konfliktfähigkeit fallen unter Sozialkompetenz. Die Fähigkeit zur Menschenführung wird, wie der Name schon sagt, dem Begriff Führungskompetenz zugeordnet. Aufgeschlossenheit, Kontaktfreudigkeit, verbale und schriftliche Ausdruckskraft, Verhandlungsgeschick kann man auch unter dem Oberbegriff Kommunikationskompetenz zusammenfassen.

Wie Sie an Hand dieser keinen Anspruch auf Vollständigkeit erhebenden Auflistung schon erahnen können: Der perfekte Öffentlichkeitsarbeiter oder die perfekte Öffentlichkeitsarbeiterin ist gewissermaßen die Kompetenzlösung schlechthin! Spaß beiseite: Da nur die wenigsten Menschen auf diesem Planeten alle diese Eigenschaften in der geforderten Güte haben dürften, ist eines somit auch klar: Langfristig erfolgreiche Öffentlichkeitsarbeit ist niemals eine One-Woman- oder One-Man-Show!

PR-Memo: Was Sie über Öffentlichkeitsarbeit wissen sollten …
- Erfolgreiche, zielorientierte Öffentlichkeitsarbeit basiert immer auf Wahrheit, Klarheit und Verlässlichkeit. Wie sonst sollte man Glaubwürdigkeit in der Öffentlichkeit erzielen?
- Image und Unternehmenserfolg sind nachhaltig miteinander verbunden.
- Öffentlichkeitsarbeit lebt von Kontakten, je mehr desto besser.
- Wie sagte Henry Ford einmal so schön: *„Ich weiß, dass die Hälfte meines Werbeetats hinausgeschmissenes Geld ist, ich weiß leider nur nicht, welche Hälfte."* Gleiches gilt analog für Ihren PR-Etat. Wer hier zu sehr spart, hat schon verloren.
- In Sachen Öffentlichkeitsarbeit gilt nach wie vor: Erlaubt ist nicht in erster Linie was gefällt, sondern was gelingt.
- Ein wichtiger PR-Grundsatz lautet: Information und Kommunikation – nicht Information statt Kommunikation.
- Öffentlichkeitsarbeit wird von Menschen erdacht und für Menschen gemacht. Sie ist deshalb an allen Orten und zu jeder Tages- oder Nachtzeit möglich.
- Die absatzfördernde Wirkung steht bei der Öffentlichkeitsarbeit nicht im Mittelpunkt, sondern stellt lediglich einen, wenn auch angenehmen, Nebeneffekt dar.
- Bescheidenheit im Auftreten gegenüber Medienvertretern wirkt manchmal Wunder.

2 Öffentlichkeitsarbeit – die Medien

Auch auf die Gefahr hin, viele Journalistinnen und Journalisten zu verärgern: Ein Großteil der journalistischen Arbeit wird von PR-Beratern und PR-Gestaltern erledigt. Das von Barbara Baerns in ihrem 1995 veröffentlichten Buch *PR-Erfolgskontrolle* aufbereitete Datenmaterial spricht eine deutliche Sprache. Laut Baerns basieren durchschnittlich 64% der Artikel in lokalen Tageszeitungen auf Pressemitteilungen und Pressekonferenzen. Bei Fernsehsendungen waren es 63% und in Hörfunksendungen 61%. Diese Zahlen zeigen mehr als deutlich, wie wichtig eine gut funktionierende Öffentlichkeitsarbeit für das Alltagsgeschäft und damit letztendlich auch für den gesamten Firmenerfolg ist.

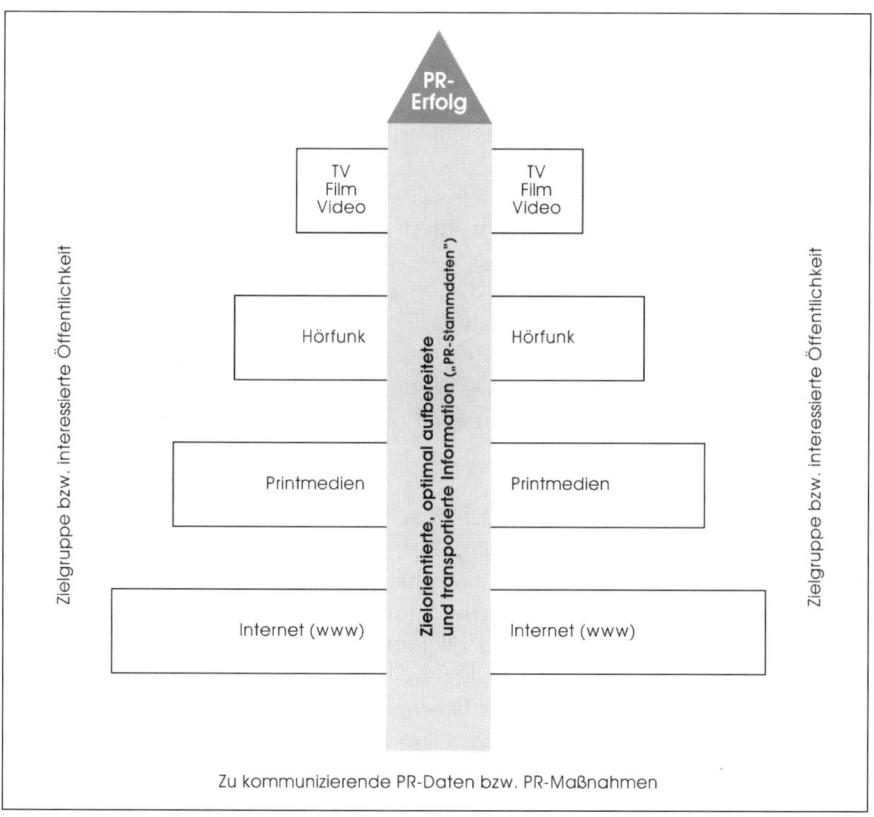

Abb. 1 Der PR-Baum

2.1 Die Printmedien

Darunter versteht man alle für die Öffentlichkeitsarbeit nutzbaren Druckerzeugnisse. Die wichtigsten werden nachfolgend kurz vorgestellt.

2.1.1 Die Zeitung

Im Jahre 1650 wurde in Leipzig mit den *Einkommenden Nachrichten* die erste Tageszeitung der Welt herausgegeben. Eines hat sich seither kaum geändert: Eine Tageszeitung wird nur zu rund 30% vom Leser finanziert, während 70% der Kosten in der Regel von Anzeigenkunden getragen werden. Insbesondere bei kleineren Lokalzeitungen, die sich häufig am Rande des Existenzminimums bewegen, erhalten gute Anzeigenkunden manchmal einen journalistisch aufbereiteten PR-Text als Bonus, der nur ganz unauffällig als Anzeige kenntlich gemacht wird.

> Auch als sehr guter Firmenkunde sollten Sie es vermeiden, über den Anzeigenleiter Druck auf eine Ihnen nicht so wohlgesonnene Redaktion ausüben zu wollen. Denn jeder Angriff auf die journalistische Freiheit dürfte Ihnen nur noch mehr Ärger, wahrscheinlich dann auch in den überregionalen Printmedien, einbringen. Die Presse sitzt langfristig immer am längeren Hebel, aber auch nichts ist älter als die Zeitung von gestern. Deshalb sollten Sie in Medienfragen immer diplomatisch agieren. Natürlich besteht theoretisch für Sie als guten Anzeigenkunden die Möglichkeit zu einem persönlichen Gespräch mit dem Herausgeber oder der Verlagsleitung. Bei einem solchen Treffen im kleinen Kreis lassen sich etwaige Irritationen und Missverständnisse eventuell beseitigen.

Wie Sie wahrscheinlich wissen, beschaffen Redaktionen den Zeitungstext von Nachrichtenagenturen, Pressediensten, Korrespondenten und werden von PR-Agenturen, Pressebüros oder den Öffentlichkeitsabteilungen der Firmen kostenlos beliefert. Wichtig ist hier für Sie, einen oder mehrere feste Ansprechpartner in der Lokalredaktion zu finden. Name und Telefonnummer bzw. E-Mail-Adresse stehen im Impressum der Zeitung. Seien Sie kreativ: Lassen Sie der Redaktion z.B. an einem heißen Sommertag von der örtlichen Eisdiele eine Riesenportion Eis mit *„freundlicher Empfehlung von …"* ins Haus bringen. Im Winter nehmen Sie eine große Kiste Lebkuchen oder ähnliches. Ganz egal was Sie nehmen, diesen Geschenken sollte niemals auch nur der Hauch von Bestechung anhaften. Richtig liegen Sie dann, wenn jeder sagt: *„Ach, wie nett, wie hieß der noch gleich?"*

Die Printmedien **17**

Wie Sie mit der Presse konkret zusammenarbeiten, eine Pressemitteilung verfassen, die nicht gleich in den Redaktionspapierkorb wandert sowie weitere praktische Punkte zeigen wir Ihnen in Kapitel 4 zur Umsetzung der Öffentlichkeitsarbeit.

 Beispiel aus unserer Beraterpraxis:

Die auf der folgenden Seite abgebildete PR-Anzeige im redaktionellen Stil erschien zum Thema „Servicewohnen" in einer überregionalen Tageszeitung.

Anzeige

Ein idealer Ort zum Älterwerden

Die Menschen im „gesetzten" Alter wünschen sich ein abwechslungsreiches und selbstbestimmtes Leben und sie suchen deshalb nach dem entsprechenden Umfeld, das ihnen dies auch künftig ermöglicht. Wichtig sind den Senioren vor allem eine zentrale Lage mit guter Infrastruktur, kurze Wege für die Dinge des täglichen Lebens, Sicherheit für die Zukunft durch ein „unterstützungsbereites" Wohnumfeld mit natürlicher Einbindung von Jung und Alt. Sowohl bei Kauf als auch bei Miete sollten beim Service- oder betreuten Wohnen die persönlichen Wünsche ruhig in den Vordergrund rücken. Ganz auf „Nummer sicher" geht derjenige, der sich für die Seniorenwohnanlage Obertraubling entscheidet. Hier vor den Toren Regensburgs, mit perfekter Verkehrsanbindung in die so reizvolle Donaumetropole, baut die Familie Weidlich derzeit ein Referenzobjekt, das alle vorher angesprochenen Kriterien gewissermaßen „übererfüllt".

Die Anlage, die noch im Herbst dieses Jahres in Teilen eröffnet werden wird, gliedert sich in mehrere Fachbereiche, die in verschiedenen Gebäudeabschnitten untergebracht sind: Servicewohnen, Senioren- und Pflegeheim, Hygienefachabteilung, behütete Abteilung sowie einem Bereich für Patienten mit neurologischen Krankheitsbildern. Die Harmonie ausstrahlenden Gebäudeformen, die lichte helle Architektur und das geschmackvolle, hochwertige Ambiente, durchdacht bis ins Detail, setzen Zeichen. Abgerundet wird das Ganze durch stilvolle, parkähnliche Grünanlagen und das alles mitten im schmucken Ortskern von Obertraubling. Nur wenige Meter von Kirche, Gemeindeverwaltung, Bank, gepflegten Geschäften und gutbürgerlichen Lokalen entfernt. Kommen Sie einfach mal vorbei, sie werden begeistert sein!

Fertigstellung: Ende 2001

Servicewohnen: Zukunftsträchtige Lebens- und Anlageform

Jetzt gibt es eine neue, attraktive Möglichkeit in Immobilien zu investieren: Der Kauf einer Servicewohnung. Was in anderen Ländern, wie zum Beispiel den U.S.A., schon längst selbstverständlich ist, setzt sich jetzt auch hierzulande immer mehr durch: Wohnen mit Service.

Ein besonders interessantes Objekt für Eigennutzer, Kapitalanleger (und natürlich auch für Mieter) wird derzeit in Obertraubling realisiert. Hier entsteht gerade eine nach allerneuesten Erkenntnissen geplante Seniorenwohnanlage. Gebaut werden 22 Service-Wohnungen (Ein- bis Drei-Zimmer-Einheiten) mit individueller Betreuung. Der Kaufpreis für eine 48-Quadratmeter-Wohnung liegt bei 256.000 DM. Alternativ beträgt die monatliche Miete 1.460 DM. Im Kaufpreis bzw. der Miete enthalten sind ein barrierefrei zugängliches Kellerabteil, sämtliche Nebenkosten und ein sogenanntes Service-Grundpaket. Dies gewährleistet unter anderem die bereits erwähnte Notrufbereitschaft rund um die Uhr, pflegerische Erstversorgung und auf Wunsch persönliche Beratung und Betreuung in fast allen Lebensbereichen, einschließlich der Hilfe bei Behördenangelegenheiten. Koordiniert und organisiert wird dies alles durch eine eigene Betreuungsassistentin, die wochentags immer ein „offenes Ohr" für die ganz besonderen Wünsche und Bedürfnisse der Bewohner hat. Auch spezielle Leistungen des haustechnischen Dienstes sind in dem bereits angesprochenen Grundpaket enthalten. Ganz nach persönlichen Vorlieben angeboten werden Leistungen wie Verpflegungs- und Pflegepakete oder das sogenannte Individualservice (Waschen, Putzen, Schreib-, Fahr- oder Begleitservice etc.). Damit können Sie individuell entscheiden, welche Leistungen Sie in Anspruch nehmen möchten und welche nicht. Das Beste daran: Der einmal festgelegte „Betreuungsgrad" kann jederzeit wieder geändert werden. Ein Wort genügt!

Daneben können die Bewohner alle Gemeinschaftseinrichtungen des Hauses wie zum Beispiel Cafeteria, Kaminzimmer mit Bibliothek, Wellnessbereich mit Sauna, Krankengymnastik/Ergotherapie sowie das umfangreiche Kultur- und Freizeitangebot ganz nach Lust und Laune nutzen. Auch für das Seelenwohl ist gesorgt: Selbstverständlich verfügt die Anlage über eine eigene Kapelle. Geschäftsführer Thomas Weidlich: „Nur wenige Unternehmen in Deutschland verfügen über so langjährige und erfolgreiche Erfahrungen im Bau und Betrieb solcher Einrichtungen. Servicewohnen, Betreuung und Pflege, integriert in einer Anlage, geben den Bewohnern die Sicherheit bei einer veränderten Lebens- und Gesundheitssituation in der selben Einrichtung die optimale Versorgung zu erhalten". Dem ist nichts mehr hinzuzufügen.

Wir freuen uns auf Sie!

Kommen Sie zu unseren Informationsveranstaltungen nach Obertraubling am:
Fr. 14.09.01 in den Traublinger Stuben und Do. 27.09.01 im Pfarrsaal

SERVICEWOHNEN
individuell betreut

Der ständig steigende Bedarf an seniorengerechten Wohnungen bietet lukrative Chancen für Kapitalanleger und Eigennutzer.

Servicewohnen ist eine moderne beispielgebende Form der Seniorenbetreuung. Dieses Konzept beinhaltet eine erstklassige Lebensqualität, außergewöhnliche Serviceleistungen und eine anspruchsvolle Wohnkultur. Angeboten werden mehrere Wohnungen ab 48 qm bei einer Miete von 18,20 DM je qm/Monat. Wahlweise gewähren wir eine Mietgarantie von 16,50 DM je qm/Monat für 5 Jahre.

Investieren Sie in den Markt der Zukunft!
Gerne schicken wir Ihnen Informationsunterlagen zu oder führen mit Ihnen eine Baustellenbegehung durch. Lassen Sie sich beeindrucken!

miteinander & füreinander leben

- Krankengymnastik
- Ergotherapie
- Massage
- Kosmetik
- Wellnessbereich mit Sauna
- Weitläufige Parkanlage
- Zahlreiche Terrassen
- Angelegte Spazierwege
- Bistro und Café
- Friseursalon
- Kaminzimmer mit Bibliothek
- Kapelle
- Hausinternes Kulturprogramm
- Verschiedene Freizeitangebote
- und vieles mehr...

weidlich
Betriebsgesellschaft für Senioreneinrichtungen mbH

Lebenszentrum: Josef-Wieland-Str. 1+3 · 93083 Obertraubling / Zentrale: Kelheimer Straße 4 · 93155 Hemau

Infohotline: 0800 / 0 20 30 20
www.weidlich-gmbh.de

2.1.2 Die Zeitschrift

Für Sie als Unternehmer sind neben den Fachzeitschriften auch die Publikumszeitschriften, besser bekannt als Magazine, von enormer Bedeutung. Diese periodisch erscheinenden Druckschriften vermischten Inhalts, wie es fachsprachlich so schön heißt, reichen vom klassischen Nachrichtenmagazin (*Spiegel, Focus*) über Unterhaltungsmagazine (z. B. *Stern, Freizeitrevue, Superillu*) bis hin zu Fachmagazinen für Tratsch und Klatsch (*Bunte, Gala*). Daneben gibt es natürlich auch noch unzählige spezielle Frauen- und Männermagazine (*Cosmopolitan, Madame, GQ, Maxim* etc.), auf die wir hier im Einzelnen nicht näher eingehen wollen.

> ❗ Boulevard hat mehr Konjunktur als je zuvor in der Bundesrepublik Deutschland. Das heißt für Sie ganz einfach: Die positive Erwähnung Ihrer Wenigkeit oder die Ihres Produkts in einer der IN-Listen oder Leutespalten dieser Publikationen kann für Sie im wahrsten Sinne des Wortes Gold wert sein.

Deshalb: Überlegen Sie sich eine außergewöhnliche Aktion oder einen ganz speziellen Event für einen Tag der offenen Tür, ein Jubiläum oder die Firmengründung. Und wer soll das bezahlen, fragen sicherlich jetzt viele? Dazu zwei Beispiele:

✖ Praxisbeispiele

Gute Aktionen müssen nicht immer teuer sein. Dies bewies ein engagierter Jungunternehmer, der anlässlich seiner Firmengründung vor einigen Jahren ein Cabrio mietete, vier Hostessen vom Studentenservice engagierte, diese mit silbrig-glänzenden Maleroveralls einschließlich passenden Leihperücken ausstaffierte und das Ganze mit selbstgemalten Demo-Schildern ergänzte. Text: *„XY ist der beste Verleger der Welt ... das meint Firmengründer A. B.!"* Anschließend fuhr diese wunderbare Truppe vor das Verlagshaus von XY und skandierte dies lautstark. Ergebnis: Wohlwollende Erwähnung mit Bild in diversen Zeitungen und Publikumszeitschriften, nicht nur in denen von XY, Anzeigenwert weit über 25.000 Euro, tatsächliche Kosten 500 Euro.

Oder Rudolph Moshammer: Er lieh sich zu Beginn seiner Karriere einen Geparden und ging mit einem schwarzen Seidenmorgenmantel bekleidet so lange die Münchner Maximilianstraße auf und ab, bis die einschlägigen Magazine fragten: Wer ist dieser Mann? Heute fragt dies keiner mehr.

Der Kontakt zur Fachpresse ist hingegen mit weitaus weniger mentalem Aufwand verbunden. Als Unternehmer oder Dienstleister einer bestimmten Branche haben Sie wahrscheinlich schon im Vorfeld Ihrer Firmeneröffnung die einschlägigen Fachmessen besucht. Dort ist der ideale Ort, um zu den Journalistinnen und Journalisten der Fachzeitschriften einen vertrauensvollen Kontakt aufzubauen. In der Regel sind auf den größeren Messen die wichtigsten Fachzeitschriften mit einem eigenen Stand vertreten. Stellen Sie sich dort vor und vereinbaren Sie einen Gesprächstermin, gerne auch zu einem späteren Zeitpunkt in Ihrem Hause. Oder noch besser: Laden Sie eine Redakteurin oder einen Redakteur, der gerade Zeit hat, gleich noch auf der Messe zum Essen ein. Plaudern Sie über dies und das, aber vergessen Sie dabei nie: **You never get a second chance to make a first impression!**

Sofern Ihr Geschäft bereits gut läuft, können Sie sich auch über eine andere Art von Zeitschriften Gedanken machen: Die Kundenzeitschrift. Wobei man eines in diesem Zusammenhang nicht verhehlen sollte: Nur wer dem Trend zur Lifestylezeitschrift folgen kann, wie es die großen Automobilhersteller, Hotelketten und Kreditkartenunternehmen derzeit sehr erfolgreich vorführen, wird den Kundenbindungs-, Multiplikator- und Überzeugungseffekt erzielen, der ihm vorschwebt. Bei allen anderen Kundenzeitschriften steht doch eher die Produktinformation bzw. die Imagebildung im Vordergrund. Zudem sollten Sie eines nicht unterschätzen: Den Zeit- und Kostenaufwand, den so ein Projekt erfordert, unabhängig davon, ob eine PR-Agentur bzw. ein Pressebüro eingeschaltet wird oder nicht.

2.1.3 Prospekt/Broschüre

Viele wissen es nicht und den anderen ist es häufig egal: Prospekt bedeutet eigentlich „wirklichkeitsgetreue Darstellung". Deshalb sollte Ihr Imagematerial hohen Ansprüchen genügen. Das heißt für Sie: Spiegeln Ihre Unternehmensbroschüren auch Sie als Mensch, nicht nur als Existenzgründer oder Firmeninhaber wider? Eine alte Journalistenweisheit lautet: Menschen interessieren sich in erster Linie für Menschen und erst in zweiter Linie für die Produkte oder Dienstleistungen dahinter.

Verfügt Ihr Prospekt über ein adäquates Maß an Authentizität? Ist der ganze Firmenauftritt aus einem Guss – von der Visitenkarte bis zur Homepage im Internet? Gehen Schein und Sein eine Symbiose ein? Könnten die in den Drucksachen enthaltenen Texte auch ohne großes Redigieren als Artikel in einer Fachzeitschrift erscheinen?

Wenn Sie diese Fragen überwiegend mit Ja beantworten können, dann kann man Ihnen oder Ihrer Werbeagentur nur gratulieren; denn zur Corporate Identity (CI) gehören auch das Wiedererkennen, die Geschlossenheit und die Glaubwürdigkeit im Bereich Öffentlichkeitsarbeit. Sie haben verstanden, wie wichtig latente Öffentlichkeitsarbeit für den mittel- bis langfristigen Erfolg einer Firma sein kann. Wie schrieb der Chefredakteur des *Autofocus*, Malte Jürgens, einmal so schön: „*... Faszination lässt sich kaum digitalisieren. Eine CD-ROM vermittelt das Produkt, um das es geht, auf dem Bildschirm des Computers mit der gleichen flimmernden Langeweile wie eine Flasche Geschirrspülmittel oder ein Hämorrhoiden-Zäpfchen. Enthält die Scheibe gar animierte Darstellungen, überflutet sie oft zusätzlich alle verfügbaren Arbeitsspeicher bis hin zum Festplatten-Katarrh. Gut gemachte Prospekte hingegen sind Weihrauch für die Kathedralen der Fantasie*".

> ❗ Haben Sie keine Scheu, Texte und Fotos, die Ihr Unternehmen optimal darstellen, in unterschiedlichen Druckerzeugnissen wieder zu verwenden. Was für den Imageprospekt passt, kann auch ruhig noch einmal in einem Flyer oder in einer Imagekarte auftauchen. Von der Internetpräsentation ganz zu schweigen; denn diese sollte sowieso am besten jeden Tag aktualisiert werden (vgl. Kap. 2.3).

Diese Mehrfachnutzung steigert die Nachhaltigkeit, vergrößert den Wiedererkennungseffekt und trägt damit in ihrer Gesamtheit sehr stark zur Imagebildung bei. Zudem hat diese Vorgehensweise eine überaus angenehme Nebenwirkung: Die Kosten bleiben im Rahmen.

Eines sollte Ihr Unternehmensprospekt auf jeden Fall machen: Lust darauf, Sie persönlich kennen zu lernen. Ganz egal, wer ihn in die Hand nimmt und liest: ob Medienmensch oder Kunde. Wie sagte Voltaire einmal so treffend: „*Das Geheimnis zu langweilen besteht darin, alles zu sagen.*"

Beispiel aus unserer Beraterpraxis

KAPITAL ANLEGEN
– gewußt wie!

Die R&M-Vermögensverwaltung hat sich mit großem Erfolg auf Investitionen an den nationalen und internationalen Wertpapiermärkten spezialisiert.

Die Anlage erfolgt überwiegend in Investmentfonds, die von uns vorher auf „Herz und Nieren" geprüft wurden. Nur solche Fonds werden ausgewählt, die den hohen Anforderungen und Renditeerwartungen der R&M-Vermögensverwaltung genügen.

Wir bürgen mit unserem guten Namen (und mit unserer renditeabhängigen Vergütung) für ein individuelles, den langfristigen Erfolg sicherndes Anlagekonzept für jeden einzelnen unserer Kunden.

Musterseite aus einer Broschüre, Branche: *Vermögensverwaltung*

2.1.4 Plakat

Bereits seit dem 16. Jahrhundert ist das Plakat als zunächst kleiner, eher unauffälliger, öffentlicher Anschlag bekannt. Erst mit dem Aufkommen der Litfaßsäulen im 19. Jahrhundert änderten sich Format und Gestaltung. Größe, farbliche Aufmachung, Bild und Text werden seitdem so gewählt, dass sie für den Betrachter auffällig und ansprechend sind bzw. in Erinnerung bleiben. Oder wie formuliert Margit Dorn in *Grundwissen Medien* fachlich fundiert: *„Das Plakat hat bestimmte Grundelemente, in denen seine Funktion gleichbleibend zum Ausdruck kommt: Einfachheit, Übersichtlichkeit, Verständlichkeit, Überraschungseffekt, Originalität, optische Nah- und Fernwirkung."* Auf einen einfachen Nenner gebracht heißt das: Ob Produktwerbung oder Öffentlichkeitsarbeit, nur ein Plakat mit einem hohen Aufmerksamkeitsfaktor und einem signifikanten Wiedererkennungswert ist ein gutes Plakat. Deshalb setzen sich nach dem alten amerikanischen Lebensmotto „bigger is better" auch in Deutschland die plakativen Riesenposter an Baustellenwänden und Gerüstaufbauten immer öfter gegen die kleineren Varianten an allgemeinen Anschlagflächen und herkömmlichen Plakatwänden durch. Auch mit dem Hintergedanken, dass in unserer westlichen Welt der Reiz- und Informationsüberflutung quasi nur noch mit Mega-Plakaten im öffentlichen Raum PR- und werbemäßig entscheidend gepunktet werden kann. Aus dem gleichen Grund wird heutzutage an exponierten Stellen häufig bereits mit so genannten „CityLightPosters" (Plakate in beleuchteten Hinterglassystemen), Großbildschirmen, insbesondere auf Flughäfen und Bahnhöfen, sowie akustischen Plakatwänden, vor allem in Einkaufszentren, gearbeitet. Begehbare Plakate in Supermärkten, auf Kanaldeckeln oder sonstigen werblich nutzbaren Freiflächen sind bereits alltäglich geworden.

24 2 Öffentlichkeitsarbeit – die Medien

 Beispiel aus unserer Beraterpraxis

EINLADUNG

INFO-ABEND
Lebenszentrum Obertraubling

Vorstellung:
- Pflegeheim
- Fachabteilungen
- Servicewohnen – individuell betreut
- Leistungs- und Betreuungsumfang der Caritas-Sozialstation

27.09.2001
20 Uhr im Pfarrsaal Obertraubling

Wir freuen uns auf Ihren Besuch.

www.weidlich-gmbh.de

Gemeinde Obertraubling

Bruder-Konrad-Haus

Infohotline:
0800 / 0 20 30 20

Plakat eines „Info-Abends" zur Ergänzung der redaktionellen PR (in der regionalen Presse und im Gemeindeblatt). Produktion im Digitaldruck, Format A2 zum Aushang an stark frequentierten Stellen.

2.1.5 Flugblatt

Es ist gewissermaßen das älteste Printmedium der Öffentlichkeitsarbeit; denn bereits kurz nach der Erfindung des Buchdrucks und noch vor dem Erscheinen der ersten Zeitung kursierten Ende des 15. bzw. Anfang des 16. Jahrhunderts die ersten so genannten „Fliegenden Blätter" in weiten Teilen der Bevölkerung. Diese Gelegenheitsdruckschrift von geringem Umfang und handlichem Format, bisweilen anonym, oft auch illustriert, wie die korrekte Definition für Flugblatt lautet, erlebte alsbald eine große Blüte. Sowohl im 30-jährigen Krieg als auch während der französischen Revolution waren diese Mitteilungsblätter bei allen Konfliktparteien hoch geschätzte Medien zur Information und Agitation.

Dieses sehr mobile Medium werden Sie als Unternehmer in der Regel fast ausschließlich im Rahmen der so genannten internen Öffentlichkeitsarbeit verwenden. Als Mittel zur innerbetrieblichen Kommunikation mit Ihren Mitarbeiterinnen und Mitarbeitern via Rundschreiben, Umläufen oder Info-Blättern. Eines sollten Sie dabei auch in Zeiten der „Rund-E-Mail" oder „Sammel-SMS" nicht unterschätzen: Die Wirkung, die ein gut aufgebautes und nett aufgemachtes persönliches Schreiben vom Chef auf die Motivation der Belegschaft häufig hat. Denn regelmäßig schwarz auf weiß informierte Angestellte werden oftmals zu engagierten Mitunternehmern und können so auch leichter in manchmal für alle Beteiligten schwierige oder schmerzhafte Entscheidungsfindungsprozesse mit eingebunden werden.

> Seien Sie authentisch – es wird Ihnen kein Mitarbeiter abnehmen, wenn Sie als eher cholerischer Typ in einem Rundschreiben plötzlich „honigsüß daherkommen". Bleiben Sie Ihrer ganz persönlichen Art auch in der „Schreibe" treu. Machen Sie z.B. jedes interne Anschreiben mit einem neuen Foto von Ihnen auf. Das unterstreicht die Aktualität Ihrer Aussagen. Motivieren Sie, aber hüten Sie sich vor Allgemeinplätzen nach dem Motto: *„Noch nie war die Lage so ernst ...", „Wieder ist es uns trotz schwierigster Marktbedingungen gelungen ..."* oder *„... wenn nicht alle schnellstmöglich an einem Strang ziehen ..."* Sonst erreichen Sie nicht die Herzen Ihrer Mitarbeiter, sondern nur deren Papierkörbe.

Flyer (Vorder-/Rückseite) im Format A6 mit vielfältigen Verteilungs- bzw. Streumöglichkeiten.

2.2 Die elektronischen Medien

Bis in die 80er Jahre hinein kam der Seufzer „... *jetzt wird's teuer* ..." von Unternehmerseite immer dann, wenn die Agenturen mit ihren Kunden die Ausstrahlung der Image-Spots in den elektronischen Medien durchgingen. Diese Zeiten sind nicht nur dank lokaler Rundfunk- und Fernsehsender längst passé. Selbst Sie als Existenzgründer können es sich heutzutage leisten, über TV und Radio auf Ihr Unternehmen aufmerksam zu machen. Es gilt zu berücksichtigen, dass die Nutzung elektronischer Medien im Regelfall teurer ist als der Einsatz von Druckmedien.

2.2.1 Hörfunk

Am 29. Oktober 1923 begannen die regelmäßigen Hörfunksendungen in Deutschland und mittlerweile verfügt statistisch gesehen fast jeder Privathaushalt in diesem Lande über ein Rundfunkgerät. Beste Voraussetzungen also für professionelle Imagekampagnen via Radio. Zur Steigerung des Bekanntheitsgrades und zur Imagebildung ist das Medium Hörfunk geradezu ideal, wie unter anderem die *Möbel-Hiendl-Spots* mit dem Kabarettisten Ottfried Fischer in den letzten Jahren eindrucksvoll bewiesen. Der Slogan „*Hiendl – mehr sog I net.*" wurde fast schon zum geflügelten Wort in Bayern. Warum hatten diese Werbeeinblendungen so großen Erfolg? Ganz einfach, weil Agentur und Auftraggeber die wichtigsten Regeln der Rundfunkwerbung wie im Folgenden beherzigten.

> **!** Der Werbefunk ist nur für PR-Botschaften geeignet, die sich akustisch gut darstellen lassen und vom Hörer leicht aufgenommen werden können. Wortwitz, am besten gepaart mit einer Brise Ironie, schadet daher nie. Eine bereits bekannte und gut eingeführte Stimme aus Funk, Fernsehen oder Kino unterstützt dieses Vorhaben massiv. Die Imagebotschaft sollte rational, klar und unkompliziert sein und von einem bekannnten Sprecher oder einer bekannten Sprecherin unters Volk gebracht werden. Denn wie die Erfahrung zeigt, werden Spots sonst häufig nur oberflächlich und unvollständig wahrgenommen. Kürze, Prägnanz, etwas Humor und der positive „Stimmenwiedererkennungseffekt" sind die Erfolgsgaranten für bezahlte Öffentlichkeitsarbeit im Radio!

Neben dieser kommerziellen Seite des Hörfunks ist für Sie als vielleicht schon erfolgreichen Unternehmer der Kontakt zu den Wirtschaftsredaktionen der privaten und öffentlich-rechtlichen Rundfunkanstalten nicht ganz unwichtig. Deshalb sollten Sie jede Möglichkeit zum direkten Kontakt nützen. Sei es nun auf großen Messen, bei Hörfunktagen oder an einem Tag der offenen Tür: Gehen Sie hin, stellen Sie einem geneigten Redakteur aus dem Bereich Wirtschaft sich und Ihr Unternehmen vor. Seien Sie charmant im Auftreten, aber hart in der Sache: Verlassen Sie die Veranstaltung erst wieder, wenn Sie zumindest eine Visitenkarte mit komplettem Namen, persönlicher E-Mail-Adresse sowie Durchwahl- und Faxnummer ergattert haben. Das große Los haben Sie fast schon gezogen, wenn die Karte mit einer Mobilfunknummer versehen ist. Wie heißt es so schön: Nicht die Großen fressen die Kleinen, sondern die Schnellen die Langsamen. So gesehen, kann ein direkter Kontakt zu einem überregional bekannten Wirtschaftsjournalisten, der für den Hörfunk arbeitet, für Ihr Unternehmen einmal Gold wert sein, wenn es gilt, vielleicht von der Konkurrenz gestreute Gerüchte über Liefer- oder Zahlungsschwierigkeiten rasch und kompetent zu entkräften. Und das Allerwichtigste: Halten Sie den Kontakt. Bedanken Sie sich bereits am nächsten Tag per E-Mail (alles andere wäre wohl zu aufdringlich) nochmals für das interessante und fachlich fundierte Gespräch, auch wenn es Ihnen vielleicht anders in Erinnerung geblieben ist. Bringen Sie etwaige Vereinbarungen (Betriebsbesichtigung, Interviewtermin etc.) geschickt zur Sprache und bitten Sie um kurze Bestätigung. Dann wissen Sie sehr genau, ob Ihre Kontaktaufnahme Früchte getragen hat

2.2.2 TV/Film/Video

Seit 1954 gibt es gebührenpflichtiges, öffentlich-rechtliches Fernsehen in der Bundesrepublik Deutschland. Erst Anfang 1984 kamen die privaten Anbieter hinzu, die sich, abgesehen von den wenigen Pay-TV-Sendern, ausschließlich durch Werbeeinnahmen finanzieren.

Fernsehen ist das nahezu perfekte Medium zur Image- und Bekanntheitsgradsteigerung. Es hat aber einen kleinen Nachteil: Es ist leider – sofern es sich um eine landesweite Kampagne handelt – teuer. Deshalb gilt: Think global, act local! Machen Sie sich als Existenzgründer doch erst einmal in Ihrer Region bekannt. Alles andere kommt später und meistens ganz von selbst. Handeln Sie mit den lokalen TV-Anbietern gute Konditionen aus. (Pauschale Richtwerte sind hier leider nicht möglich, da die Kosten jeder Kampagne von einzelnen Größen wie z.B. Schalthäufigkeit oder Sendergröße abhängig sind.) Oftmals betreiben diese parallel oder über Tochtergesellschaften Hörfunkstationen. Schnüren Sie eine Paketlösung aus Hörfunk- und Fernsehspots. Das senkt die Sendepreise und erhöht die Wirkung.

Vielleicht fragen Sie sich jetzt: Schön und gut, aber wie soll ich mir als Jungunternehmer die Produktionskosten für einen Imagespot leisten können?

- **Die preiswerte Lösung:** Die Fernsehstation vor Ort, bei der Sie die Sendeminuten buchen, produziert den Spot auf Anfrage in aller Regel gegen ein geringes Entgelt gleich selbst. (Auch hier sind wieder keine pauschalen Kostenangaben möglich.) Vom Grundsatz her ist nichts dagegen einzuwenden.
- **Die elegante Lösung:** Sie wenden sich an eine der deutschen Hochschulen für Film und Fernsehen, zum Beispiel in München oder Berlin. Dort gibt es eigene Lehrstühle für Image und Werbung. Nehmen Sie Kontakt mit einem der zuständigen Professoren auf, schildern Sie Ihr Anliegen und höchstwahrscheinlich gelingt es Ihnen auch, die Verantwortlichen für Ihr Projekt zu begeistern. In der Regel drehen und schneiden die Studenten die Spots gegen Kostenerstattung, da diese anschließend ja auch noch als Semester- oder Abschlussarbeiten an der Hochschule eingereicht werden.
- **Die klassische Lösung:** Sie gehen zu einer renommierten PR- oder Werbeagentur in Ihrer Nähe und lassen Ihre Spots dort konzipieren und fertigen. Gut und teuer.

Aber eines sollte trotz niedriger Kosten gewährleistet sein: Ein guter Spot erzählt eine Geschichte – nicht über Produkte und Dienstleistungen, sondern über Menschen – untermalt von Musik mit Ohrwurmqualität. Bestes Beispiel hierfür: Der Spot „Aus Aktion Sorgenkind wird Aktion Mensch". Ein Werbefilm ist nur dann wirklich gut, wenn er für sich selbst wirbt und nicht nur für das Image und den Bekanntheitsgrad einer Firma.

Vielleicht haben Sie sich auch schon mal gefragt: Wie schaffe ich es, mein Produkt oder meine Dienstleistung in einem Fernseh- oder Kinofilm unterzubringen? Das wäre doch die ideale Imageplattform. Stimmt. Aber da die Produktionskosten, nicht zuletzt auf Grund der ständig steigenden Schauspielergehälter, in den letzten Jahren rapide in die Höhe gegangen sind, lassen sich Filmgesellschaften so genanntes Product Placement gut bezahlen. Es gibt hier eine Reihe professioneller Anbieter. Wenn Sie es sich leisten können oder wollen: Wenden Sie sich an einen dieser „Produktunterbringer" wie z.B. die Firma *Placement Control*, die machen Ihre diesbezüglichen Wünsche war.

Für wahrscheinlich einen Bruchteil dieser Kosten können Sie aber gleich Ihr eigenes Imagevideo drehen lassen. Es hat nur gegenüber Film und Fernsehen den gravierenden Nachteil, dass Sie für dessen Verbreitung selbst sorgen müssen. Je mehr Medienleute, Kunden und sonstige Multiplikatoren Sie für Ihr filmisches Produkt begeistern können, desto größer wird die damit zu erzielende Image- und Bekanntheitsgradsteigerung sein. Vielleicht schaffen Sie es ja, dass Teile daraus nicht nur Ihre Internetpräsentation aufwerten, sondern zumindest einzelne Sequenzen in die reguläre TV-Wirtschaftsberichterstattung einfließen. Dies dürfte zu bewerkstelligen sein, sofern die Qualität stimmt und Ihre Kontakte, zumindest zu den örtlichen TV-Stationen, entsprechend gut auf- und ausgebaut sind.

2.2.3 Foto

Ein Bild sagt mehr als tausend Worte – so banal diese viel zitierte Volksweisheit auch klingen mag, in Sachen Öffentlichkeitsarbeit stimmt sie uneingeschränkt. Ein PR-Text ohne aussagekräftiges Foto ist heute fast nicht mehr vorstellbar. Kaum ein Medium ist so vielseitig nutz- und verwendbar. Ganz egal ob Internetpräsentation, Imageprospekt, Zeitungsbericht, Plakat oder Flugblatt. Fotos und Grafiken sind mehr als nur eine optische Garnierung des „Buchstabensalats". Hiermit lassen sich häufig wirtschaftliche, technische und politische Zusammenhänge viel einfacher darstellen und kommunizieren. Dies musste auch das Nachrichtenmagazin *Spiegel* sehr schmerzhaft erfahren, als es dem Newcomer *Focus* Anfang der 90er Jahre genau mit diesem journalistischen Stilmittel auf Anhieb gelang, einen unerwarteten Markterfolg zu landen. Medienleute haben es gern, wenn sie PR-Geschichten optisch so gut aufbereitet serviert bekommen, dass sie das Wichtigste auf einen Blick erfassen können. Kein Wunder, gute Journalisten werden jeden Tag mit E-Mails, Faxen und PR-Artikeln geradezu überschwemmt. Deshalb sollten Sie alles daransetzen, dass Ihre mit guten Fotos aufgemachten PR-Stories gewissermaßen „Leuchttürme" im Meer der Firmeninformationen darstellen.

Frei nach dem Motto „Viele fühlen sich zum Fotografen berufen, aber nur wenige sind auserwählt" bringt es Ihnen absolut nichts, wenn irgendwelche Personen aus der Belegschaft oder gar Sie selbst bei Betriebsveranstaltungen, Messeauftritten oder Produktpräsentationen „rumfotografieren". Auch der Einwand „*... kein Problem, ich mach' nur Digitalfotos, die kann ich nachbearbeiten ...*" greift nicht wirklich.

> ❗ Suchen Sie sich einen oder mehrere gute Fotografen, bei denen Preis und Leistung stimmen. Lassen Sie sich Arbeitsproben zeigen. Besuchen Sie deren Ateliers und Homepages. Machen Sie sich Ihr ganz persönliches Bild. Denken Sie daran, ein Fotograf, der überwiegend Porträts macht, muss nicht der perfekte „Firmenhallenablichter" sein und umgekehrt. Achten Sie da-

rauf, dass Sie beim Kauf der Fotos das uneingeschränkte Nutzungsrecht miterwerben. Ansonsten müssen Sie für jede einzelne Nutzung gesondert zahlen und vorher auch noch die Freigabe des jeweiligen Fotografen einholen.

2.2.4 Telefon

Gute Öffentlichkeitsarbeit beginnt am Telefon. Glauben Sie nicht? Dann versetzen Sie sich doch einfach einmal in die Lage eines Kunden, der verzweifelt versucht, in Ihrem Unternehmen den richtigen Ansprechpartner zu finden – Karl Valentins *Buchbinder Wanninger* lässt grüßen. Und nun die Steigerung: Ein Medienvertreter möchte von Ihnen etwas zu einem neuen Produkt, einer neuen Dienstleistung oder einem anstehenden Arbeitsplatzabbau wissen und wird, aus Unwissenheit, Faulheit oder Ignoranz, „abgewimmelt". Das für Sie wenig schmeichelhafte Ergebnis können Sie in den nächsten Tagen schwarz auf weiß in der Presse nachlesen. Oder Sie hören am Abend bei der Heimfahrt aus dem Büro in den lokalen Rundfunknachrichten den wenig erbaulichen Satz: *„Leider war Herr XY für eine kurze telefonische Stellungnahme den ganzen Tag nicht zu erreichen."* Solche Dinge sollte man tunlichst vermeiden.

❗ Ihre Telefonzentrale oder Ihr Sekretariat ist gewissermaßen die verbale Visitenkarte des Unternehmens. Stellen Sie unter allen Umständen sicher, dass dort nur freundliche, zuvorkommende und motivierte Mitarbeiterinnen und Mitarbeiter mit einer angenehmen Telefonstimme Dienst tun. Überprüfen Sie dies durch Testanrufe von Geschäftsfreunden oder Familienangehörigen. Viele Führungskräfte haben bei der Prüfung des Telefon-Images ihrer Firma schon sehr unangenehme Erfahrungen gemacht. Die Mehrzahl wurde das Gefühl nicht los, beim Rauchen, Radiohören oder Plaudern zu stören. Wenn Sie weiterhin Erfolg in Ihrer Branche haben wollen, beenden Sie solche Zustände am besten unverzüglich. Stellen Sie außerdem sicher, dass Medienvertreter Sie zu jeder Tages- und Nachtzeit erreichen können. Keine Angst, so häufig dürfte das bei einem Existenzgründer oder Inhaber eines mittelständischen Unternehmens nicht der Fall sein. Den Luxus der Unerreichbarkeit sollten Sie sich für die Zeit nach Ihrem aktiven Geschäftsleben aufheben.

2.3 Die digitalen Medien

Die digitalen Medien haben gegenüber den elektronischen bzw. den Printmedien etliche, nicht zu unterschätzende Vorteile. Unter Kosten- und Verfügbarkeitsgesichtspunkten betrachtet sind diese schlichtweg unschlagbar. Ganz egal zu welcher Tages- und Nachtzeit und wo immer Sie sich auf diesem Globus auch befinden mögen, der Zugriff ins World Wide Web ist überall möglich. Die interaktive PR-Arbeit verschlingt zudem weitaus weniger finanzielle Mittel als die Öffentlichkeitsarbeit in den herkömmlichen PR-Medien Print, TV und Funk. Außerdem bieten sich im Rahmen von Internetpräsentationen Darstellungsformen und Animationen, die noch vor ein paar Jahren für schlicht undenkbar gehalten wurden.

2.3.1 CD-ROM

Die Compact Disc Read Only Memory, kurz CD-ROM, bezeichnet ein so genanntes optisches Speichermedium mit einem Scheibendurchmesser von zwölf Zentimetern. Die Speicherkapazität beträgt 640 bis über 700 Megabyte (und entspricht etwa 200.000 Buchseiten). Es können Texte, bewegte Bilder, Grafiken und Sounds einzeln oder kombiniert gespeichert werden. Gewissermaßen ein El Dorado für Öffentlichkeitsarbeiter. Aber nur dann, wenn einem ein ganz bestimmter Fehler nicht unterläuft.

> **❌ Beispiel:**
> Ein solcher Fehler passierte dem Unternehmen Porsche anlässlich der Präsentation des „facegelifteten 911ers" im Juni 2001: Hunderte von CD-ROMs wurden virenverseucht an die maßgeblichen Automobil- und Lifestylejournalisten im In- und Ausland versandt. Inwieweit selbige anschließend noch positiv über den deutschen Vorzeigesportwagen schlechthin berichtet haben, sei dahingestellt.

 Deshalb: Lassen Sie Ihre CD-ROMs für die Medien vor Versand auf „Herz und Viren" prüfen, damit Ihnen so ein großer Public-Relations-Unfall (PR-GAU) unter keinen Umständen unterläuft.

Insbesondere in der Kombination von alten und neuen Medien liegt der ganz spezielle PR-Reiz der CD-ROM. Wenn Sie es sich leisten können und wollen, legen Sie doch Ihrem gedruckten Geschäftsbericht oder Ihrer Imagebroschüre eine CD-ROM bei. Zumindest in der Version für die Medien erzielen Sie damit mit Sicherheit Sympathiepunkte. Denn die Damen und Herren von der schreibenden Zunft schätzen es sehr, wenn sie sich Datenmaterial, Texte und Bilder nicht umständlich besorgen müssen, sondern einfach „herunterladen" und direkt in ihre Artikel einarbeiten können. Damit schlagen Sie zwei Fliegen mit einer Klappe: Sie bleiben positiv in Erinnerung und falsche Zahlen oder Produktbeschreibungen gehören der Vergangenheit an. Außerdem: Wer schreibt schon gern komplett neue Artikel, wenn es so schöne vorformulierte PR-Texte gibt?

2.3.2 E-Mail

Der „elektronische Brief" hat gegenüber der herkömmlichen Post zwei entscheidende Vorzüge: Er kostet weitaus weniger und ist im Normalfall in Sekundenbruchteilen ins elektronische Posteingangskörbchen des Empfängers via Datenautobahn übermittelt. Darüber hinaus besteht die Möglichkeit, Ihrem elektronischen Schreiben so viel Text- und Bilddateien als *Attachment* beizufügen wie Sie möchten, und das Ganze wird genauso schnell mittransportiert. (Beachten sollten Sie jedoch dabei, dass der Empfänger nur die Dateien lesen kann, von denen er ein entsprechendes Programm zum Öffnen besitzt.) Zudem können Sie zu jeder Tages- und Nachtzeit Mails schreiben und beantworten, unabhängig von Briefkastenleer- bzw. Postzustellzeiten. Es reicht bei einer eingegangenen Nachricht ein Mausklick auf *Antworten* und schon erscheint die gewünschte Empfängeradresse im betreffenden Feld. Einfacher geht es wirklich nicht. Auch sprachlich gesehen ergeben sich meistens Vorteile, da man mittels E-Mail in aller Regel viel ungezwungener miteinander korrespondiert als im alltäglichen, häufig von Phrasen dominierten, geschäftlichen Briefverkehr üblich.

Im Endeffekt handelt es sich bei der E-Mail um das elektronische Pendant zu den herkömmlichen PR-Medien Rundschreiben oder Brief, nur mit den eingangs geschilderten Vorteilen für eine zeitnahe Öffentlichkeitsarbeit. Sie können ausgewählte „VIP-Medienleute" oder sonstige Multiplikatoren zum Beispiel täglich oder einmal wöchentlich über Interessantes und Neues in Ihrem Unternehmen informieren. Aber bitte nur dann, wenn es sich wirklich um Themen handelt, die auch für eine breitere Öffentlichkeit von Interesse sein dürften. Denn eines kann man mit E-Mails auch viel leichter und schneller als mit Standardpost: Mit einem Klick alles verschwinden lassen!

Beispiel aus unserer Beraterpraxis

Sanft schwappen Wellen ans Ufer, Sonnenstrahlen wärmen das zartblaue Wasser, Binnenschiffe tuckern vorbei, ab und an kreuzen Motorboote auf dem breiten Strom.
Der Blick schweift über die imposante Kulisse einer fast 2000-jährigen Stadt; das geschäftige Treiben in den Altstadtgassen lässt sich nur erahnen – Urlaubsstimmung an der Donau ...

Nein, kein Traum, sondern Ihr, **sehr geehrter Herr Prof. Dr. Müller**, neues Wohn- und Lebensumfeld in der Donaupark-Residenz am Unteren Wöhrd in Regensburg.

Außergewöhnliche und erfolgreiche Menschen haben außergewöhnliche Ansprüche. Deshalb haben wir alles unternommen, um Ihren hohen Erwartungen gerecht zu werden. Dies beginnt beim Ideengeber (Sir Norman Foster) und endet nicht beim als Show-Room gestalteten Verkaufsbüro (Kunst+Licht+Raum by Svenja Doyen), sondern erst dann, wenn alle Planungs- und Bauleistungen zu Ihrer vollsten Zufriedenheit ausgeführt wurden. Sie ganz persönlich und Ihre Wünsche stehen im Mittelpunkt unseres Schaffens, nicht nur, wenn es um die detailgetreue Innenausstattung Ihrer ganz persönlichen Traumwohnung an den Gestaden der Donau geht.

Wie in einem Uhrwerk greift auch bei einem perfekten Bauprojekt „ein Rädchen ins andere", nur mit dem Ziel, optimalen Lebensraum zu kreieren. Umwelt- und ressourcenschonendes Bauen ist dabei Teil unserer Unternehmensphilosophie. Die Donaupark-Residenz setzt neue Maßstäbe für innovatives, ökonomisches und ökologisches Wohnen, gepaart mit Eleganz und Lebensart.

Haben wir Sie inspiriert? Sie möchten mehr wissen?! Schön, dann empfehlen wir Ihnen das beiliegenden Exposé, das alles Wissenswerte in komprimierter Form enthält. Wenn Sie noch mehr erfahren wollen, setzen Sie sich bitte mit uns in Verbindung. Wir freuen uns auf Sie. Versprochen!

Mit den besten Empfehlungen

(Unterschrift)

E-Mail an gezielt ausgewählte Multiplikatoren zur Steigerung des Bekanntheitsgrades einer Immobilie.

Da beim Umgang mit Mails in der PR-Arbeit viele Unklarheiten aufkommen, soll Ihnen die folgende Checkliste bei der Erstellung Ihrer PR-Mail an Medienvertreter helfen.

✓ PR-Checkliste: E-Mail-Medienmitteilung

Abfolge	Aktionen/Maßnahmen	Erledigt
1.	**Vorbereitung und Recherche:** • Stellen Sie alle Medienkontakte zusammen. • Prüfen Sie die E-Mail-Adressen (ggf. per Telefonkontakt vorher abklären). • Stellen Sie Ihr Unternehmen und Ihre Funktion kurz dem Redakteur vor und erklären Sie knapp das Thema Ihrer voraussichtlichen Mitteilung. • Eruieren Sie, ob Attachments erwünscht bzw. besondere Vorgaben beim Versand per Mail erforderlich sind.	
2.	**Mitteilung erstellen:** • Formulieren Sie eine möglichst kurze, aber interessante und aussagekräftige Betreffzeile. • Wecken Sie schnell die Neugier, denn Online-Mitteilungen werden weniger intensiv und ausführlich gelesen als klassische Pressemitteilungen. • Gestalten Sie den Mailtext kurz und spannend. Nutzen Sie Hyperlinks auf Ihre Webseiten. • Achten Sie darauf, zweimal Ihre Kontaktinformationen anzuführen. Am Anfang und zum Schluss der Mail, mit Angabe von Telefon, Fax, E-Mail-Adresse etc. • Geben Sie zudem alle Quellen, weitere Kontaktpersonen einschließlich Internet- und Mailadresse an, so erleichtern Sie dem Redakteur seine Recherche.	
3.	**Anlagen, Attachments:** • Wegen der möglichen Virengefahr werden Mails mit bedenklichen Anlagen oftmals sofort gelöscht. Bedenken Sie dies.	

Abfolge	Aktionen/Maßnahmen	Erledigt
	• Pressevorinformationen können Sie auf Ihrer Website gemeinsam mit passendem Bildmaterial ablegen und per Hyperlink hierauf verweisen. • Pressemappen ebenfalls vorbereiten (Texte, Bilder).	
4.	**Versand:** • Bei den meisten E-Mail-Programmen wird durch die normale Sammelmail-Funktion jedem einzelnen Empfänger diese Liste offengelegt. Arbeiten Sie daher mit entsprechendem Profiwerkzeug oder kopieren Sie den Text jeweils wieder in ein neues Mailfenster (Einzelmailversand). • Versenden Sie die Mail mit einer Bitte um Empfangsbestätigung. Diese Funktion kann in fast jeder Software eingestellt werden.	
5.	**Nachbereitung:** • Fragen Sie nach wenigen Tagen per Mail nach, ob Ihre Nachricht angekommen ist und ausreichend aufbereitet war. • Wenn nach der letzten Mail noch immer keine Antwort zu bekommen war, sollten Sie kurz nachtelefonieren. • Danken Sie dem Redakteur nach der Veröffentlichung, egal ob per Mail oder klassischem Brief. Zeigen Sie sich begeistert darüber, dass das Thema so hervorragend umgesetzt wurde.	

2.3.3 World Wide Web

Pathetisch formuliert, könnte man das Internet als die Mutter aller Computernetze bezeichnen. Ursprünglich für die militärische Nutzung konzipiert, verbindet es heute unzählige Rechner weltweit miteinander. Das Internet gehört niemandem. Es besteht aus diversen Teilnetzen, die alle untereinander zusammengeschlossen sind. Der bekannteste Internet-Netzwerk-Service ist das World Wide Web (www), der es ermöglicht, sich mit einfachen Mausklicks durch das Netz zu bewegen. Technisch gesehen handelt es sich hierbei um einen so genannten Browser, der es gestattet, Texte, Bilder, Töne und Filmsequenzen anzusteuern, abzufragen, auszudrucken oder sogar auf dem eigenen Rechner abzuspeichern. Das Erlernen von komplizierten Befehlseingaben und größere Computerkenntnisse als „Surfvoraussetzung" sind nicht erforderlich. Sie können also jede Website an jedem Ort der Erde mit Ihrem PC oder Laptop aufrufen. Das erklärt unter anderem den sagenhaften Erfolg des World Wide Web. Online-Dienste wie z.b. *AOL, T-Online* oder *CompuServe* sind entgeltpflichtig. Sie bieten aber auch einen geschlossenen Bereich, der nur registrierten Nutzern zur Verfügung steht und eine vorgegebene Nutzungsstruktur. Sie sind damit viel strukturierter als die Bereiche des www, die jedem kostenlos zugänglich sind.

In Deutschland gehört es mittlerweile zum guten Ton, mit einer eigenen Homepage im Internet vertreten zu sein. Damit wird Aufgeschlossenheit, Dynamik und Modernität signalisiert. Mit einer interessanten, gut aufgemachten und ständig aktualisierten Internetpräsentation können Sie Ihren Bekanntheitsgrad nachhaltig steigern, Ihr Unternehmensprofil schärfen und mit Sicherheit auch Imagegewinne in der von Ihnen präferierten Zielgruppe verbuchen. Die Online-PR unterstützt in aller Regel die bereits beschriebenen traditionellen Formen der Öffentlichkeitsarbeit. Lediglich in der so genannten *New Economy* werden viele PR- und Imagekampagnen ausschließlich „im Netz gefahren".

Bevor Sie als Existenzgründer daran gehen, sich eine Internetpräsentation aufzubauen, lassen Sie von Ihrem Provider prüfen, welche griffige und eingängige Domains, abgeleitet von Ihrem Firmennamen, unter den bekanntesten Endungen (.de, .com, .net, .org) noch frei sind. Je kürzer desto besser. Stellen Sie außerdem sicher, dass die Internetadresse Ihrer Firma in den wichtigsten Suchmaschinen gespeichert wird. Bewerben Sie anschließend diese Adresse mit Flyern und Imagekarten.

> **Ein auffälliges Beispiel**
>
> Eine andere Möglichkeit ist das Aufnähen des Domain-Namens an den Hemd- und Blusenkrägen Ihrer Mitarbeiterinnen und Mitarbeiter. Im Notfall drucken Sie die Adresse auf lang haltende Baumwoll-T-Shirts in Ihren Unternehmensfarben und laufen so zumindest in der Sommerzeit für sich selbst Reklame. Denn was hilft Ihnen der perfekteste Internetauftritt, einschließlich täglich wechselndem Gewinn- oder Ratespiel, wenn keiner Ihre Homepage besucht, um mit Ihnen so in einen fruchtbaren geschäftlichen Dialog zu treten?

38 2 Öffentlichkeitsarbeit – die Medien

Bauen Sie sich zusätzlich Ihr eigenes Netz im Internet auf. „Verpflichten" Sie Ihre Geschäftspartner und bitten Sie Ihre Kunden, auf deren Internetseiten Links zu Ihrer Homepage zu setzen. Sie glauben gar nicht, wie sich solche Gratis-Verflechtungen langfristig in barer Münze auszahlen.

> **ⓧ Beispiel aus unserer Beratungspraxis**
>
> Diese kleine Internetpräsenz ermöglichte es einer Existenzgründerin, sich in diverse www-Foren und -verzeichnisse einzutragen bzw. auf Ihre Site zu verweisen.

Hinweis: Ein Großteil derer, die sich im World Wide Web bewegen, gehen per Direkteingabe der Adresse auf die entsprechende Domain. Ein weiterer, erheblicher Teil der Internetnutzer kommt über Verweise und Links, nur ein kleiner Teil der User findet in aller Regel eine Site über eine Suchmaschine. Folgerichtig muss ein öffentlichkeitswirksamer Internetauftritt stets durch einen kompakten, leicht merkfähigen Namen innerhalb des www promotet und zusätzlich über klassische Printmedien unterstützt werden.

3 Öffentlichkeitsarbeit – die Planung

„Planung ist die gedankliche Vorwegnahme zukünftigen Handelns durch Abwägen verschiedener Handlungsalternativen und Entscheidung für den günstigsten Weg. Planung bedeutet also das Treffen von Entscheidungen, die in die Zukunft gerichtet sind." – soweit Prof. Dr. Günther Wöhe.

Planung, bezogen auf Ihre ganz spezielle Öffentlichkeitsarbeit, heißt demnach, zu entscheiden über Ziele, Zielgruppen, Strategien sowie über die Mittel bzw. Verfahren, mit denen diese PR-Ziele möglichst schnell und kostengünstig erreicht werden können. Klingt schwierig. Ist es leider auch. Trösten Sie sich mit der folgenden Erkenntnis: Je genauer wir planen, um so härter kann uns der Zufall treffen. Ein guter PR-Mann oder eine gute PR-Frau muss deshalb auch immer improvisieren können. Beispiel gefällig?

> **❌ Ein wichtiges Pressegespräch**
>
> Das Pressegespräch mit den Vorstandsvorsitzenden der größten Automobilkonzerne der Welt findet traditionell am Rande der Internationalen Automobilausstellung in Frankfurt am Main statt. Die Vorbereitungen hierzu, einschließlich der anschließend stattfindenden Medienparties, beginnen in den damit betrauten PR-Abteilungen in der Regel fast ein Jahr früher und verschlingen Unsummen. 2001 sollte die Veranstaltung am 11. September über die Bühne gehen. Wie wir alle wissen, änderte sich die Welt an diesem Tag gravierend. Nach den Terroranschlägen in New York und Washington war nichts mehr so wie vorher. Jetzt war schnelles und entschiedenes Handeln der Öffentlichkeitsarbeiter gefragt. Der Medientermin musste sofort abgesagt und die Vorstandsvorsitzenden unter Einhaltung der höchsten Gefährdungsstufe in Sicherheit gebracht werden. Anschließend wurden umgehend neue Medienmitteilungen mit den ersten Stellungnahmen der Automobilfirmen zu diesem unfassbaren Ereignis geschrieben und die Show-Events auf den Messeständen aus Pietätsgründen sofort aus dem Programm genommen. Sie sehen: Planung ist gut, Improvisation nicht weniger.

3.1 Strategieplanung und Zielgruppensegmentierung

Die Strategie

„Wer den Hafen nicht kennt, für den ist kein Wind ein günstiger.", besagt eine Seefahrer-Weisheit. Dies bedeutet für Sie: Ohne eine detaillierte, ungeschönte Beschreibung Ihrer derzeitigen Unternehmenssituation ist die zielführende Festlegung einer PR-Strategie quasi unmöglich. Holen Sie sich für diese Lagebeurteilung unbedingt die Meinung von Geschäftsfreunden, Mitarbeitern, Lieferanten, Kooperationspartnern und Kunden ein, damit Ihre Analyse der Realität ziemlich nahe kommt.

> ✓ **„Bild-Check" oder wie wird Ihr Unternehmen in der Öffentlichkeit wahrgenommen?**
>
> - Wer kann über Ihre Firma etwas Positives sagen oder hat dies in der Vergangenheit, zum Beispiel in einem Leserbrief, bereits getan (Mitarbeiter, Kunden, Lieferanten, Geschäftsfreunde, Behördenvertreter etc.)? Beziehen Sie diese Multiplikatoren künftig (noch) stärker in Ihre Öffentlichkeitsarbeit mit ein.
>
> - Entspricht Ihr öffentliches Bild Ihrem angestrebten Firmenprofil? Wenn nein, wer oder was ist für dieses (negative) Image verantwortlich?
>
> - Verfügen Sie bereits über nachhaltige Kontakte zu lokalen bzw. regionalen Medien? Wenn nicht, haben Sie sich bereits Maßnahmen überlegt, um diese Situation zu ändern?
>
> - Wird Ihr Unternehmen oder werden Sie als Person von den örtlichen Medien bereits wahrgenommen? Wenn ja, durch welche PR-Maßnahme? Wenn nein, wie wollen Sie diesen Zustand ändern?

Haben Sie bereits einmal einen Tag der offenen Tür veranstaltet, um sich stärker im Bewusstsein der interessierten Öffentlichkeit zu positionieren? Wenn nein, aus welchen Gründen? Sofern Sie zeitlichen und materiellen Aufwand scheuen: Was halten Sie von einem „Tag der offenen Tür im World Wide Web" (Mittels einer *Web-Cam* kann jeder Ihr Unternehmen online ganz genau unter die Lupe nehmen – anreichern kann man das Ganze durch ein kleines Gewinnspiel)? Einen kleinen Schönheitsfehler hat die ganze Sache: Ihre Mitarbeiter müssen aus juristischen Gründen der Kamera bzw. Übertragung zustimmen.

„Getrennt reiten, vereint schlagen"; mit dieser alten Kavallerie-Strategie lässt sich das ideale Verhältnis zwischen Marketing und PR gut umschreiben. Oder anders gesagt: Der Erfolg von Unternehmenskommunikation und perfekter Außenwirkung liegt zum großen Teil im optimalen Zusammenspiel zwischen PR- und Marketing-Bereich.

Eine PR-Strategie ist dann erfolgversprechend, wenn sie die Werbe-, Verkaufsförderungs-, Direktmarketing- und Sponsoringmaßnahmen des gesamten Marketingkonzepts mit den richtigen Mitteln flankierend begleitet. PR um der PR willen können Sie sich als Existenzgründer oder Inhaber eines kleinen Unternehmens meist noch nicht leisten. Sie ist auch nicht immer sinnvoll.

❌ Beispiel aus der Praxis:

Für einen Kunden aus der Immobilienbranche wurde überlegt, welche Aktionen den Umsatz kurzfristig ankurbeln könnten. In der Strategieplanung wurde eine Werbe-/Verkaufsförderungsmaßnahme entwickelt. Maßgeblich sollte nicht nur die unmittelbare Kommunikationsresonanz bei der angepeilten Zielgruppe sein, sondern der mittelbar herzustellende PR-Erfolg. Idee war es, einen Rikschadienst mit mehreren Wagen samt Fahrer zu mieten. Diese Rikschas sollten rückseitig mit einem digitalen Farbausdruck im A1- oder A0-Format ausgerüstet werden, um die Aktion inhaltlich zu bewerben. An einem langen verkaufsoffenen Samstag der Vorweihnachtszeit würden die Rikschas durch die Stadt geschickt mit dem Auftrag, Personen der im Vorfeld definierten Zielgruppe (kaufkräftige Singles zwischen Ende 20 und Anfang 40) zu einer Freifahrt einzuladen und Ihnen dabei Werbematerial über ein attraktives Wohnbauprojekt zu überreichen. Diese Marketing-Maßnahme ist zugleich bestens geeignet, um sie bereits im Vorfeld via Medien-Mitteilung zu promoten. Selbstverständlich sollte man bereits vorher klären, inwieweit der „Chefredakteur Lokales" oder sein Stellvertreter bereit wären, sich an diesem Tag von einer Rikscha zur Redaktion bringen zu lassen. Der Medienerfolg wäre damit schon fast vorprogrammiert.

42 3 Öffentlichkeitsarbeit – die Planung

Das Beispiel zeigt: Nutzen Sie Synergien, die sich aus der Verknüpfung von Marketing- und PR-Maßnahmen ergeben aktiv und konsequent. Das senkt Ihre Kosten. Zur Erleichterung Ihrer Strategieplanung bieten wir Ihnen abschließend zu diesem Thema nachfolgend das Inhaltsverzeichnis eines bereits erstellten PR-Konzepts an. Selbstverständlich ist dies nur eine Möglichkeit unter vielen, an eine Gliederung heranzugehen. Sie können diese an Ihre individuellen Bedingungen im Unternehmen anpassen. (Vgl. auch Übung 1 und 4, S. 85ff.)

> **ⓧ Beispiel aus unserer Beraterpraxis – Auszug aus dem Inhaltsverzeichnis eines Basis-PR-Konzepts**

Inhalt

I. Aufgabenstellung

II. Konzeptaufbau
1. Das Ziel im Blick
2. Schritt für Schritt zum PR-Erfolg

III. Instrumente der PR
1. Clipping
2. Medieninformation
3. Medienmappe
4. Medienkonferenz

IV. Strategie

V. Umsetzung
1. Plan (chronologisches Schema)
2. PR-Plan (extern)
3. PR-Plan (intern)

VI. Medienkontakte

VII. Checkliste und Aufgabenverteilung

Die Zielgruppe
Unterschätzen Sie bei Ihrer Zielgruppensegmentierung nie die Bedeutung Ihrer Mitarbeiter, auch interne Zielgruppe genannt. Es steht außer Frage, dass Beschäftigte umso mehr als Meinungsführer in ihrem Umfeld wirken, wenn sie vom eigenen Unternehmen durch und durch überzeugt sind. Nach Expertenmeinung spricht ein

Mitarbeiter im Durchschnitt mit rund 10 Personen seines direkten Lebensumfelds über seine berufliche Situation. Sie sehen, wie wichtig es ist, zuerst die eigene Belegschaft über gravierende Vorgänge im Unternehmen zu informieren und damit erst im zweiten Schritt „nach draußen" zu gehen. Oder was soll Ihr Angestellter denken, wenn er morgens in der Zeitung liest, dass gestern ein wichtiger Geschäftsbereich an einen Konkurrenten veräußert wurde?

Es gehört zu guter interner PR-Arbeit, seine Beschäftigten nicht nur mental, sondern auch emotional an ihr Unternehmen zu binden. Besser, als Augustinus es postulierte, geht es kaum: *„Wenn du ein Schiff bauen willst, erkläre deinen Mannen nicht die Pläne, sondern wecke in ihnen die Sehnsucht nach dem großen, weiten Meer."*

❌ Beispiel aus der Praxis:

Nach dem Motto „Mit Ideen die Zukunft gestalten" haben Geschäftsleitung und Betriebsrat eines aufstrebenden IT-Unternehmens gedacht und gehandelt. Es wurde entschieden, ein Ferienappartement in Südfrankreich zwischen Nizza und Cannes dauerhaft anzumieten und der Belegschaft zur Verfügung zu stellen. Durch den langfristigen Mietvertrag war der Preis einerseits erschwinglich und andererseits als betrieblicher Aufwand steuerlich absetzbar. Die Wohnung wurde für verlängerte Wochenenden und Urlaube allen Mitarbeitern als Feriendomizil angeboten. Für einen Übernachtungspreis von nur 6 Euro pro Person war das Appartement schnell ausgebucht. Ein Teil der Miete kam somit durch die Mitarbeiter wieder zurück, den Rest übernahm das Unternehmen. Der Imageerfolg war beträchtlich, denn alle, die einmal dort gewesen waren und davon profitierten, erzählten dies oft und gern im Verwandten- und Bekanntenkreis mit dem Tenor: So einen großzügigen Arbeitgeber muss man erst einmal finden. Das Ergebnis der Aktion war erfolgreiche interne Öffentlichkeitsarbeit, die auch extern Wirkung zeigte und mehr als einmal half, einen hoch qualifizierten Bewerber zum Unterschreiben des Arbeitsvertrags zu bewegen.

Von der internen nun zur externen Zielgruppe: Wie bei der Werbung, soll die PR-Botschaft auf bestimmte Zielpersonen besonders nachhaltig wirken. Diese gilt es nach speziellen Merkmalen einzugrenzen, zu segmentieren. Dazu sagt der Fachmann *soziodemographische Eigenschaften*. Bestimmte Verhaltensweisen und Konsumvorlieben werden definiert und dadurch die Zielgruppe bestimmt. Vielleicht verfügen Sie ja bereits über Marktdaten, z.B. durch
• eine umfangreiche, aussagefähig Kundenkartei,

- Markterhebungen Ihres Unternehmerverbandes,
- am Tag der offenen Tür abgehaltene Gewinnspiele mit Fragebogenaktion,
- etc.

Dies erleichtert die direkte Ansprache der Zielgruppe. Je mehr Sie über diese präferierte Personengruppe wissen, desto intensiver kann die zu transportierende PR-Information auf den Rezipienten wirken. Allein bereits herausgefunden zu haben, ob Ihre Kunden lieber Radio hören als Zeitung zu lesen, erleichtert die Auswahl des Informationsträgers.

Mehr über Ihre Zielgruppe erfahren Sie anhand vieler Studien, die Zeitungs- oder Zeitschriftenverlage auf der Basis von Meinungsumfragen und Kundenbeobachtungen fertigen lassen. Hierbei wird u.a. getestet, welche Personen mit welchem Bildungsstand mit welcher Lesedauer welche Anzeigen lesen. Diese Auswertungen werden verlagsintern verwendet, um den jeweiligen Anzeigenkunden den wirkungsvollsten Werbeträger empfehlen zu können. Übrigens: Eine wichtige Zielgruppe für den Öffentlichkeitsarbeiter ist relativ einfach aufzuspüren – die Medienvertreter selbst! Auf jeden Fall gilt diese Personengruppe als die mit dem höchsten Multiplikationsfaktor für Informationen. (Vgl. auch Übung 2)

3.2 Die Mittelplanung

In anderen klassischen Kommunikationsbereichen, wie z.B. der Werbung, spielt die Kostenplanung im Vorfeld häufig eine größere Rolle als bei der Öffentlichkeitsarbeit. PR wird eben insbesondere in kleineren Unternehmen noch zu oft nebenbei abgehandelt. Medienarbeit wird hier in aller Regel nur reaktiv, nicht aktiv betrieben. Als flexibler, couragierter Unternehmer besitzen Sie aber alle Fähigkeiten zu agieren – nutzen Sie diese.

Das Thema Kostenplanung innerhalb der Unternehmenskommunikation ist mit vielen Unwägbarkeiten und undefinierbaren Einflussfaktoren behaftet, gemäß der alten Managerweisheit: *„Prognosen sind schwierig, insbesondere wenn sie sich mit der Zukunft beschäftigen."* Den Inhabern kleiner und mittlerer Betriebe sowie Existenzgründern sind die wissenschaftlichen Möglichkeiten zur Eingrenzung dieser Imponderabilien aus monetären Gründen meist nicht gegeben: Markt- und Meinungsforschungsinstitute arbeiten gut und genau – wissen aber genauso gut, was ihre Leistung wert ist. Kleiner Trost: Inwieweit es hilfreich ist, sich in jedem Einzelfall mit allen nur erdenklichen, manchmal höchst theoretischen Kosten zu belasten, sei dahingestellt.

Wie kann überhaupt geplant werden? Viele werden es bedauern, einige begrüßen: Eine Detailplanung im Sinne einer Kostenrechnung ist weder möglich noch sinnvoll. Entscheidend ist in erster Linie der Ansatz. In vielen Unternehmen ist die PR-Kosten-Planung identisch mit der Werbekostenbudgetierung. Fachlich zwar falsch, unter Organisations- und Kostengesichtspunkten kleiner Unternehmen betrachtet aber durchaus nachvollziehbar. Ein Großteil der Firmen legt deshalb seinen Planungsschwerpunkt auf die Bereiche, die den größten Anteil am Gesamtumsatz versprechen. Unter Maßgabe der kurzfristigen Gewinnmaximierung ein legitimer Ansatz. Mittel- und langfristige Unternehmens- bzw. PR-Ziele, wie Festigung des positiven Images und signifikante Bekanntheitsgradsteigerung bleiben dabei mit an Sicherheit grenzender Wahrscheinlichkeit auf der Strecke.

Retrograde Planung
Eine der einfachsten Planungsmethoden besteht darin, sich die Vergangenheit genau anzusehen und hieraus seine Schlüsse für die Zukunft zu ziehen. Man bezeichnet dies als retrograde Kostenplanung: Die Werte für die jeweiligen Planungszeiträume werden aus dem vorhandenen Zahlenmaterial in die Zukunft hochgerechnet – extrapoliert, wie die Statistiker zu sagen pflegen. So eine Vorschau, gewissermaßen durch den „Unternehmensrückspiegel", ist immer dann besonders sinnstiftend, wenn sie mit aussagefähigen Marktdaten, Expertenmeinungen und den maßgeblichen Branchen-Trendprognosen gekoppelt wurde. Fehlen diese Prognosestützpfeiler, ist der Aussagewert einer solchen „Retro-Planung" eher als gering einzuschätzen. Bedauerlicherweise hält es viele Unternehmer – völlig losgelöst von angepeilten Image-, Werbe- oder Umsatzzielen – nicht davon ab, ein prozentuales Werbe- und PR-Budget festzulegen. Basis sind dabei die durchschnittlichen Werbe- bzw. PR-Kosten der letzten drei Jahre. Wenn Sie Ihre Ausgaben für Werbung, Direktmarketing und auch PR rein auf alte Bilanzzahlen stützen, werden Sie häufig Ihr „blaues Wunder" erleben. Denn sind Ihre PR-Ziele der Vergangenheit auch die Ihrer unternehmerischen Zukunft?

Erfolgsorientierte Zielplanung
„… und als sie das Ziel aus den Augen verloren, verdoppelten sie ihre Anstrengungen …" Um dies zu vermeiden, sollte die erfolgsorientierte Zielplanung, umgangssprachlich als „Ableitungsplanung" bezeichnet, benutzt werden. Hier wird nach bestem Wissen und Gewissen versucht, die idealen PR-Maßnahmen für die im Planungszeitraum definierten Unternehmensziele festzulegen und anschließend die Kosten zu kalkulieren:
1. Scheuen Sie sich nicht, Ihren individuellen PR-Maßnahmen-Katalog erst nach einer intensiven Markt- bzw. Wettbewerbsbeobachtung zu fixieren: Wie tritt Ihr

wichtigster Konkurrent auf? Wie schafft er es, so positiv in der Öffentlichkeit wahrgenommen zu werden? Warum kennt den Unternehmer X jeder und Sie außer Ihrer Familie keiner? Orientieren Sie sich an diesem Datenmaterial, kopieren Sie es aber nicht 1:1.
2. Versuchen Sie nun, die Kosten für die einzelnen Maßnahmen zu kalkulieren. Probate Hilfsmittel sind hierfür Übersichten wie z.b. der *Etat-Kalkulator* vom Verlag *Creativ Collection*. Dieser beinhaltet die wesentlichen Punkte der heutigen Unternehmenskommunikation und deren Kosten. Die dort genannten Preise basieren auf Durchschnittsangaben und können je nach Branche, Situation und Standort abweichen.
3. Ergänzen Sie Ihre Aufzeichnungen um die Rubrik „Ausführung bzw. Umsetzung". Was können Sie selbst und was nur ein externer Dienstleister?

PR-Maßnahmen erfolgreich durchzuführen, erfordert viel qualifiziertes Personal und obwohl Sie als Firmeninhaber der Kopf der Kampagne sind, braucht es noch tatkräftige Mithelfer und Mitdenker. Vielleicht lächeln Sie jetzt innerlich über diese Binsenweisheit, aber Fakt ist: Die meisten Existenzgründer stöhnen nach dem Durchführen der ersten PR-Maßnahmen: *„Ich hätte nicht geglaubt, wie aufwändig so eine Sache ist."* Sie müssen sich hier also z.B. die folgenden Fragen stellen:
- Trauen Sie sich zu, die erforderlichen Ausschreibungen selbst zu formulieren?
- Benötigen Sie bereits in diesem Stadium die Unterstützung durch einen PR-Profi?
- Welche Detailprobleme müssen mit diesem geklärt werden? Denn ein Angebot ist immer nur so gut, wie die Detailkenntnis des Anforderers:
  - Welcher PR-Träger, welche Auflage, Farb- oder Schwarz-Weiß-Druck, welche Papierqualität wird präferiert?
  - Welche PR-Anzeige wird gewählt, wie soll sie gestaltet sein, wo soll sie geschaltet werden?

Sollten die Kosten für Ihre potenziellen PR-Maßnahmen die finanziellen Möglichkeiten Ihres Unternehmens im Planungszeitraum übersteigen, gehen Sie wie folgt vor:
- Verschieben Sie die Maßnahmen, die nicht unmittelbar den (kurzfristigen) Unternehmenszielen dienen, in spätere Geschäftsperioden.
- Halten Sie unbedingt an den PR-Ideen fest, die gleichzeitig die Marketing-Strategie unterstützen und damit direkte Auswirkungen auf den Umsatzzuwachs haben.
- Führen Sie all jene PR-Maßnahmen durch, die eng mit anderen Marketing-Aktivitäten verzahnt sind und so über den Multiplying-Effekt die Erfolgsaussichten steigern. (Die Wirkung mehrerer Medien zugleich innerhalb einer Kampagne oder anders ausgedrückt: die bekannten zwei Fliegen mit einer Klappe.)

3.3 Die Aktionsplanung

3.3.1 Ein Fall aus der Praxis

Die Finanzmittel sind budgetiert, die Aufgaben definiert, die Strategie geplant und die Zielgruppen segmentiert. Nun kann es also ins Detail gehen, in die Planung einzelner PR-Aktionen. (Vgl. auch Übung 3, S. 85) Im folgenden Beispiel sehen Sie nochmals anschaulich, wie wichtig die bereits behandelten Teilschritte bis zur Aktionsplanung für diese selbst sind.

In einer Stadt mit etwa 100.000 Einwohnern wurde ein Männermodengeschäft in eine Krawattenboutique umgewandelt und stand kurz vor der Eröffnung.

Die Zielplanung gab folgende PR-Ziele vor:
- Maximale Aufmerksamkeit in den Medien und der interessierten Öffentlichkeit erzielen (kurzfristig).
- Der „In-Laden" für Krawatten und dazugehörige Accessoires in der Region werden (mittelfristig).
- Medienmäßig den Boden für ein Filialnetz bereiten (langfristig).

Die Zielgruppensegmentierung – ermittelt aus der bestehenden Kundenkartei – gab die Zielgruppe vor:
- Männer, die Wert auf gepflegtes Äußeres legen, im Alter zwischen 25 und 65 Jahren.
- Frauen, die Wert auf gepflegtes Äußeres bei ihren Männern legen, im Alter zwischen 20 und 60 Jahren.
- Männer aus der Finanzdienstleistungsbranche (Banken, Versicherungen, Immobilien).

Die Mittelplanung gab vor: Der Etat für die PR-Maßnahme durfte 10.000 Euro nicht überschreiten.

Der Inhaber der Boutique, Herr Y, sagte sich: *„Was Herrn Lauterbach recht ist, ist mir billig."* (Der hatte nämlich zu seiner Hochzeit auch Bundeskanzler Schröder und Altkanzler Kohl geladen und dies pressewirksam verbreitet. Dass keiner der beiden zur Feier kommen konnte, wurde erst Tage später bekannt und war dann natürlich keine Schlagzeile mehr wert.) Kurz entschlossen verfasste Herr Y eine Medien-Mitteilung mit der Überschrift *„Rudolph Moshammer und Giorgio Armani* *zur Eröffnung der Y-Krawattenboutique eingeladen"*. Dies konnte er auch guten Gewissens behaupten, denn er hatte beide Herren mit einem persönlichen Schreiben eingeladen. Die lokalen Medien machten gute Miene zum bösen Spiel, brachten die gewünschte Überschrift und den Medienstein ins Rollen. Die Eröffnung der Krawattenboutique war – wie geplant und erhofft – nun Stadtgespräch.

Nun konnte mit der Aktionsplanung zur Eröffnung begonnen werden. Im Folgenden nur kurz ein paar Stichpunkte hierzu:
- Zielgruppengerechte Einladung konzipieren. (Für V.I.P.s und Medienvertreter findet am Vorabend der offiziellen Eröffnung ein kleiner Empfang mit Fingerfood, Live-Musik und Tischzauberer statt. Langjährige und gute Kunden werden zu einem Eröffnungsfrühstück geladen, während eine allgemeine Einladung für sonstige Kunden und Interessenten via PR-Anzeige in der Lokalpresse und auf der Homepage erscheint.)
- Einladungen versenden.
- Geeignete Catering-Firma inkl. Bedienungspersonal auswählen.
- Einen „Edel-Toilettenwagen" inkl. Reinigungspersonal anmieten.
- Aufträge an Live-Band und Tischzauberer erteilen.
- Einladungsrücklauf überwachen und bei V.I.P.- oder Medienabsagen persönlich nachtelefonieren.
- Pressemappen für Medienvertreter vorbereiten und am Eröffnungsvorabend aushändigen oder auf Wunsch bereits vorab übersenden.
- Fotografen mit Digitalkamera ordern, um bereits am Tag der Eröffnung die wichtigsten „Schnappschüsse" auf der eigenen Homepage präsentieren zu können.

Sollten Sie sich mit dieser Arbeit überfordert fühlen und es sich leisten können, schalten Sie doch einfach eine Event-Agentur ein.

Zur Planung einer Aktion gehört auch die Nachbereitung, denn nach der Veranstaltung ist vor der Veranstaltung. Sie möchten ja noch öfter positiv in den Medien erscheinen und mit Ihren honorigen Gästen glänzen. Ein kurzer Dank per E-Mail an alle Teilnehmer sollte obligatorisch sein. An all den Pressevertretern, die nicht anwesend waren, müssten Sie ganz besonders „dranbleiben".

3.3.2 Medienauswahl

Über welche Medienwege kommt Ihre PR-Botschaft eigentlich zum angepeilten Empfänger, fachsprachlich auch Rezipient genannt? Der Kommunikationsprozess lässt sich am einfachsten in der Kommunikationsformel frei nach *Lasswell* beschreiben:

- **Wer** (Unternehmung)
- **sagt was** (Botschaft)
- **über welchen Kanal** (PR- und/oder Werbeträger)
- **zu wem** (Zielperson oder -gruppe)
- **mit welcher Wirkung** (Kommunikationserfolg)

Wie schreibt Prof. Hans Christian Weis in diesem Zusammenhang so passend: „*Diese Kommunikationsformel sollte bei der Gestaltung jeder Form der Kommunikation, sei sie persönlich oder unpersönlich, sprachlich, bildlich oder akustisch, berücksichtigt werden.*" Sie gilt deshalb für alle PR- bzw. Werbeträger und das von A wie aktuelle Medien bis Z wie Zeitungsanzeige.

Wobei wir wieder bei der Medienauswahl wären: Präferieren Sie immer die Medien, die über eine hohe Beeinflussungswirkung sowie die entsprechende Streuung (Seher/Hörer/Leser) verfügen. Soweit die Theorie. In der Praxis werden Sie als Existenzgründer oder Inhaber eines kleinen Unternehmens aus finanziellen Erwägungen überwiegend sowieso meist die Medien auswählen (müssen), die Ihnen – salopp formuliert – das beste Preis-/Leistungsverhältnis bieten. Die wichtigsten Auswahlkriterien wollen wir Ihnen trotzdem nicht vorenthalten (vgl. auch Übung 5, S. 86):
- Art und Funktion des PR-Trägers (Publikums- oder Fachzeitschrift, z.B. Zeitschrift: Unterhaltung, Entspannung und zum Teil Information)
- Situation des PR-Kontaktes (z.B. Tageszeitung: zu Hause, im Geschäft oder Büro, tagsüber etc.)
- Verfügbarkeit und Kontaktherstellung zum Leser, Zuhörer oder Zuseher
- Darstellungsmöglichkeiten für die PR-Botschaft (z.B. Internet: bewegte Optik u. Akustik)
- Einsatz in bestimmten Zielgruppen (Berücksichtigung soziodemographischer Merkmale)
- Erscheinungshäufigkeit (täglich, wöchentlich, quartals-/halbjahresweise, oder jährlich)
- Kosten

- Reichweite
  - räumlich: Wie viele Menschen haben wo die Möglichkeit, mit dem PR-Träger in Berührung zu kommen?
  - quantitativ: Leseranzahl (Zum Beispiel hat jede Tageszeitung durchschnittlich 1,5 bis 2,5 Leser pro Exemplar.)
  - qualitativ: Der prozentuale Anteil der zu beeinflussenden Zielgruppe gemessen an der Gesamtzahl der Nutzer (z.B. Leser) des jeweiligen Mediums

Medienkontakt ist nicht gleich Medienkontakt: Für Sie und Ihr Unternehmen sind nur diejenigen von Bedeutung, die das gewünschte qualitative Ergebnis bringen.

> **Beispiel**
>
> Es ist schön, wenn Ihre perfekt getextete und optisch genial gestaltete PR-Anzeige für Ihr neues vegetarisches Spitzenrestaurant in Berlin von 200.000 Lesern wahrgenommen wird. Diese Kontakte bringen Ihnen nur wenig, wenn die Anzeige im Fachmagazin des deutschen Fleischhandels unter der Rubrik „Fleisch ist ein Stück Lebenskraft" erscheinen würde. Zugegeben, ein Extrembeispiel, aber Sie verstehen, was wir Ihnen damit sagen wollen.

Wenn Sie hierüber mehr wissen wollen, als in einem Schnellkurs Öffentlichkeitsarbeit vertret- und vermittelbar ist, können Sie sich u.a. direkt an die *Arbeitsgemeinschaft Media-Analyse e.V.* (http://www.agma-mmc.de), in der sich Medien, Agenturen und Werbungstreibende zusammengeschlossen haben, wenden. Die Analyse-Ergebnisse werden im Allgemeinen jährlich veröffentlicht. Die Untersuchung umfasst Hörfunk, Internet, Kino, Print (Zeitungen, Zeitschriften etc.), TV und demnächst auch Online-Medien. Die Daten werden durch Stichprobenerhebungen und persönliche Befragungen generiert. Als Media-Daten werden zum Beispiel ausgewiesen:
- Nutzungswahrscheinlichkeit
- Weitester Nutzerkreis
- Nutzer pro Ausgabe
- Bevölkerungsbeschreibende Merkmale

Selbstverständlich wird Ihnen auch jeder PR-Berater bzw. jede PR-Agentur viel zu diesem Thema sagen können.

3.3.3 Mediengestaltung

„Das Auge isst mit." Das wissen nicht nur Chefköche, sondern auch die Profis der Mediengestaltung. Es geht also darum, rationale und emotionale Inhalte mit visuellen Bausteinen so zu verbinden, dass die PR-Botschaft sichtbar, fühlbar und spürbar wird. Wieso auch spürbar, werden Sie vielleicht jetzt fragen? Schließen Sie doch einmal die Augen und fassen Sie mit der linken Hand die *Bild-Zeitung* und mit der rechten das Magazin *Schöner Wohnen* an und anschließend berühren Sie eine auf Büttenpapier gedruckte Einladung. Spätestens jetzt wissen Sie, warum man sich in PR- und Werbeagenturen so viel Gedanken über Haptik (das „Sich-Anfühlen", der Tastsinn) macht.

Achten Sie darauf, dass jedes Schriftstück, das Ihr Haus verlässt, folgende Elemente in stets gleicher Form enthält:
- Schriftart und -größe im „Firmendatensatz"
- Logo
- Slogan bzw. Claim, falls vorhanden
- einheitlicher Unternehmens-Sprachstil (Dies ist schwierig, aber man sollte es zumindest versuchen.)

Bei der Gestaltung der Printmedien wie einer Image-Broschüre oder PR-Anzeige kommt es ebenso auf
- Papierqualität und Druckverfahren
- Form und Format
- Farbe, Schrift und Satz (allerdings nie die Logo-Farben verändern!)
- Einsatz von Foto- und Grafikmaterial
- Übersichtlichkeit

an. Als kleine Hilfestellung können Sie die folgende Checkliste nutzen.

✓ Checkliste: Gestaltungsplanung für PR-Anzeige

Bausteine	Details und Informationen
Ziel und Zweck der Anzeige:	☐ Image ☐ Präsentation ☐ Bekanntheitsgradsteigerung
Zielgruppe:	… …
Textdarstellung:	☐ Fakten ☐ Image ☐ Kombination
Stil- und Wortwahl:	… … …
Kernaussage:	… … …
Zielführender Aufbau:	☐ Headline: ☐ Leitsatz: ☐ Schlagzeile: ☐ Slogan: ☐ Eye-catcher/Blickfang:
Nutzen/Inhalt:	… … …
Welche Fotos/Grafiken werden eingesetzt? (optischer Reiz)	… … …

Bausteine	Details und Informationen	
Medienart:	☐ Wochenzeitung ☐ Fachmagazin ☐ Vereinsheft	☐ Tageszeitung ☐ Newsletter ☐ _____
Medienkontakt:	Ansprechpartner: Telefon: Fax: E-mail:	
Rubrik:	...	
Platzierung auf der Seite:	...	
Größe der Anzeige:	Spalten: Höhe × Breite: Höhe in mm:	
Layout:	☐ Fließtext ☐ gestaltete Anzeige ☐ Einsatz Bild ☐ schwarz-weiß ☐ Schriftart Schriftgröße Head:	☐ Rahmen ☐ nur Text ☐ Kombination 　　Text/Grafik ☐ Farben: ☐ _____
Platzierung der Layoutelemente:	☐ Text: ☐ Foto: ☐ Logo: ☐ Slogan/Motto:	☐ Grafik: ☐ Head: ☐ Adressangaben:
Erscheinungsdatum:	...	
Redaktionsschluss:	...	
Entwurfsfertigstellung bis:	...	

3.3.4 Pretests und Kontrolle

„Zu schön, um wahr zu sein", könnte die Überschrift zu vielen Imageerfolgsprognosen lauten. Der Pretest wird immer dann herangezogen, wenn der Erfolg einer PR-Kampagne vorab gemessen werden soll. Grundsätzlich unterscheidet man drei Wirkungsebenen:
- **Emotionale Ebene:** Sie beinhaltet gefühlsmäßige, aktivierende Tendenzen, die sich in weitere psychische Prozesse der Zielpersonen fortpflanzen.
- **Kognitive Ebene:** Hierbei handelt es sich um die Verarbeitung der Erkenntnisse.
- **Affektiv-kognitive Ebene:** Diese ist gekennzeichnet durch die gedankliche Verarbeitung gefühlsmäßiger Wirkungen.

Die Imageerfolgsprognose unterscheidet zwischen subjektiven (Paarvergleich, Skalentest, Rangfolge etc.) und objektiven (Pupillenveränderungs- und Speichelflussmessungen etc.) Verfahren. Näher darauf einzugehen, verbietet schon der Titel dieses Buchs *Schnellkurs Öffentlichkeitsarbeit*. Markt -und Meinungsforschungsinstitute bzw. große PR-Agenturen führen selbstverständlich gerne und professionell solche Pretests für Sie durch.

Sie als Existenzgründer oder als Inhaber eines kleineren oder mittleren Betriebes werden sich sowieso weitaus häufiger mit der Kontrolle Ihrer Öffentlichkeitsarbeit als mit Pretests beschäftigen. Den gängigen Weg, sich selbst ein Bild über das eigene Unternehmen zu verschaffen, stellt nach wie vor der Fragebogen dar. Gerade bei überschaubaren Unternehmen haben Sie die Möglichkeit, durch gezielte Fragen Tendenzen aufzuspüren und zu dokumentieren. Fragen könnten so oder ähnlich aussehen:
- Wie wurden Sie auf unser Unternehmen aufmerksam?
- Was gab den Ausschlag, bei uns anzurufen oder bei uns vorbeizukommen?
- Was wissen Sie bereits über uns?
- Mit welchen Erwartungen kommen Sie zu uns?
- Wenn Sie uns schon kennen – was könnten wir noch verbessern?
- Mit welchem Satz würden Sie uns weiterempfehlen?
- Wie gefällt Ihnen unser Imageauftritt, insbesondere unsere Homepage?

Bitte beachten Sie, dass mehrseitige Fragebögen den Befragten Zeit und meistens auch Geduld kosten. Strapazieren Sie ihn nicht zu sehr. Die Benutzerfreundlichkeit steigern Sie deutlich, wenn Sie Antworten vorformulieren oder durch ein Schulnoten-System darum bitten, Noten oder Punkte zu vergeben. Es gilt die Faustregel: Je größer das Unternehmen und die Budgets, desto wichtiger ist es, die nachprüfbaren Ergebnisse der Öffentlichkeitsarbeit in bestimmten Zeitabständen (üblich 2–3 Jahre; Obergrenze 5 Jahre) zu messen.

4 Öffentlichkeitsarbeit – die Umsetzung

So, die Theorie haben Sie weitestgehend überstanden. Nun, nach drei Kapiteln intensiver Grundlagenerarbeitung, geht es jetzt *in medias res*, wie der Lateiner zu sagen pflegt – mitten hinein in die praktische Öffentlichkeitsarbeit.

4.1 Der Kontakt zu den Medien

4.1.1 Mit Medienvertretern und Multiplikatoren auf Du und Du

Wie man erste Kontakte zu Medienmenschen knüpft, konnten Sie ja bereits den Gliederungspunkten 1.2.4 Lobbying und 2.1.1 Zeitung entnehmen. Seien sie kreativ, konstruktiv und vergessen Sie in diesem Zusammenhang nie: Frechheit siegt! Wenn Ihnen ein gut geschriebener Artikel oder Kommentar in Ihrer Zeitung auffällt, zögern Sie nicht, sich mit dem Verfasser in Verbindung zu setzen. Schicken Sie eine **E-Mail**, rufen Sie an, senden Sie ein **Fax oder** schreiben Sie ganz konventionell einen **Brief** (Den vollständigen Namen, E-Mail-Adresse, Anschrift oder Telefonnummer können Sie in aller Regel direkt dem Impressum der Zeitung entnehmen.). Auch ein Leserbrief bietet sich an. Ganz egal wie, aber bringen Sie zum Ausdruck, wie sehr Ihnen diese Zeilen aus der Seele gesprochen haben. Loben Sie ausgiebig, aber heucheln Sie nicht; denn jeder Journalist verfügt zumindest über so viel Selbstkritik, um zu wissen, wie gut er wirklich ist oder an diesem Tag gerade war. Gleiches gilt für gut recherchierte Beiträge in Wirtschaftssendungen von Hörfunk und Fernsehen, die – zumindest im weitesten Sinne – mit Ihrem Unternehmen oder mit Ihnen als Person zu tun haben. Nehmen Sie Kontakt mit der Redaktion auf. Stellen Sie in Ihrem Dankschreiben unbedingt die Bezugspunkte zu Ihrer Firma heraus. Machen Sie sich nicht wichtig, aber lassen Sie Ihre Kernkompetenzen anklingen (Fast jeden Tag werden von irgendwelchen Sendern irgendwelche Experten zu irgendwelchen Themen befragt – warum künftig nicht auch Sie?). Mit relativ großer Wahrscheinlichkeit ergeben sich weiterführende Kontakte. Bleiben Sie am Ball. Verfolgen Sie die Arbeit der von Ihnen präferierten Redaktion weiter. Bringen Sie Ihren Namen permanent positiv in Erinnerung; denn Sie wissen ja: Steter Tropfen höhlt den Stein.

Versuchen Sie einen **Redaktionsbesuch** zu vereinbaren. Medienvertreter sind meistens im Stress, müssen Artikel oder Sendungen ständig zu ganz bestimmten Zeiten fertig stellen. Somit haben Sie schon einen ersten Stein im Brett, wenn Sie vorbeikommen dürfen. Bringen Sie bei Ihrem Besuch ein kleines Gastgeschenk mit: Irgend etwas, was nachher ständig am Schreibtisch präsent ist, wie z.b. ein Mousepad mit Ihrem Firmenaufdruck, die obligatorische Notiz-Zettelbox mit Logo (So alt wie die Idee ist, so gut ist sie auch: Die Zettelbox wird eigentlich nie gleich „entsorgt".), ein edles Holzlineal mit Herkunftsprägung, eine schöne Schreibtischunterlage oder, wenn es persönlicher sein soll, ein versilbertes Visitenkartenetui mit dezentem Unternehmensaufdruck. Kostet nicht viel und macht nachhaltigen Eindruck. So bleiben Sie zumindest „gegenständlich" über Jahre im journalistischen Blickfeld.

Wenn Sie der Lebensweisheit Winston Churchills „*no sports*" huldigen und es Ihre finanziellen Mittel erlauben, gründen Sie doch einen **Medienstammtisch**, der sich einmal im Monat in Ihrem Lieblingsrestaurant trifft. Laden Sie Ihre besten Geschäftsfreunde zu diesem gesellschaftlichen Diskurs ein. Stellen Sie aber unter allen Umständen sicher, dass bei der Gründungsveranstaltung zumindestens zwei Medienvertreter anwesend sind, und wenn es nur die Volontäre der Lokalzeitung sind. Jeder hat mal klein angefangen und vielleicht ist einer der beiden in zehn Jahren Chefredakteur von *Spiegel-online*. Dann wird er Ihnen nie vergessen, dass Sie als erster sein Potenzial erkannten.

Für die sportlicheren unter Ihnen bietet es sich an, eine „Medien-Bike-Night" oder eine „Medien-Skate-Night" ins Leben zu rufen, die ebenfalls einmal im Monat, zumindest von April bis Oktober, stattfindet. In den Wintermonaten findet alternativ die „Medien-Indoor-Night" mit Badminton, Squash, Tennis oder Skigymnastik statt – Gesprächsrunde vorher oder nachher eingeschlossen. Man könnte hier den Faden unendlich weiter spinnen, aber es geht einzig und allein darum, dass Sie einen direkten Draht zu den Medienvertreterinnen und -vertretern aufbauen. Egal wie. Seien Sie erfinderisch und ein guter, zuvorkommender Gastgeber. Sie wissen ja, wer ein positives Image in der Öffentlichkeit haben will, muss einiges dafür tun.

Nicht nur für Sie als Existenzgründer ist es enorm interessant, von einflussreichen Persönlichkeiten und Meinungsbildnern, so genannten **Multiplikatoren**, wahrgenommen zu werden. Scheuen Sie sich nicht, in die Bürgersprechstunden Ihrer Landtags- und Bundestagsabgeordneten zu gehen. Machen Sie sich dort bekannt. Viele Politiker schätzen die fachlich fundierte Auseinandersetzung in Wirtschaftsfragen, insbesondere mit engagierten Jungunternehmern. Lassen Sie in einem persönlichen Gespräch anklingen, wie sehr Ihnen an Einladungen zu wirtschaftpolitischen Veranstaltungen der Partei gelegen wäre. Im Gegenzug erklären Sie, wie sehr Sie sich über einen Besuch in Ihrer Firma freuen würden. Wenn dieser dann zustande kommt, um so besser. Das können Sie „medienmäßig" sehr gut „ausschlachten". Wenn nicht, haben Sie bei allen künftigen Begegnungen einen idealen Anknüpfungspunkt. Gratulieren Sie künftig bei kleineren und größeren Erfolgen „Ihrer" Abgeordneten. Es muss nicht immer ein Wahlsieg sein. Der Bau einer Umgehungsstraße oder die Ansiedlung eines wichtigen Betriebs, die auf das Konto von Frau X oder Herrn Y gehen, rechtfertigen die Belebung eines bereits bestehenden Kontaktes immer und werden auch aufmerksam registriert. Ein Antwortschreiben lässt meistens nicht lange auf sich warten. Sie werden sehen.

Sofern es Ihre wahrscheinlich knappe Zeit erlaubt, besuchen Sie auch alle wichtigen Veranstaltungen der Industrie- und Handelskammer oder Handwerkskammer. Diese Verbindungen sind langfristig für Sie bares Geld wert, wenn Sie in neue Markt- oder Unternehmensbereiche vorstoßen wollen. Beteiligen Sie sich bei allen Podiumsveranstaltungen an der anschließend stattfindenden Diskussion. Stellen Sie Fragen, aber nur gute, wenn's geht.

Lernen Sie beim vorher oder nachher stattfindenden Empfang gezielt Leute kennen. Insbesondere die von den Medien. Seien Sie charmant, auch wenn es manchmal schwer fällt. Öffentlichkeitsarbeit ist durchwegs harte Arbeit. Wie erfolgreich Sie waren, können Sie einfach daran feststellen, wie viele Teilnehmer sich bei der nächsten Veranstaltung noch an Sie erinnern und das Gespräch mit Ihnen suchen.

Eine ganz andere Möglichkeit, seinen Bekanntheitsgrad zu steigern, besteht darin, dass man bei allen sich bietenden Gelegenheiten seine **Visitenkarte** hinterlässt. Beispiele gefällig?

> **Beispiele**
>
> - Beziehen Sie als Existenzgründer Ihr erstes Büro, dann stellen Sie sich doch bei allen Geschäftsnachbarn mit Ihrer Karte vor.
> - Sie holen sich in den Top-Läden Ihrer Stadt regelmäßig Sachen zur Auswahl (Zu Beginn unbedingt etwas kaufen, sonst haben Sie Ihren schlechten Ruf weg!) und hinterlassen Ihr „Kärtchen" so lange, bis man Sie dort kennt.
> - Kleben Sie bei jeder Geschäftseröffnung Ihre Visitenkarte ins Gästebuch.

Und so weiter und so fort. Sie sehen, auch auf so einfache Art und Weise kann man auf lokaler Ebene bekannt werden und dadurch neue Geschäftsbeziehungen auf- und ausbauen.

> **!** Denken Sie daran: Ganz egal, ob Bundestagsabgeordneter oder Messebesucher, ob Redakteur von der *Süddeutschen* oder der *Bäckerblume*, behandeln Sie alle Medienvertreter und Multiplikatoren gleich zuvorkommend. Wer erstklassig „bedient" wird, kommuniziert die Informationen, die er erhält, meistens auch erstklassig und wenn nicht, dann bleiben Sie und Ihr Unternehmen zumindest in bester Erinnerung.

Weiter gefasst könnte man dies auch als „ganzheitliches Dialogfeld" sehen: Jeder, der mit Ihnen direkt oder indirekt zu tun hat, sei es ein Kunde oder Mitarbeiter, ist für Sie Multiplikator. Die alte Floskel *„Empfehlen Sie uns weiter"* hat auch in Zeiten des Internets noch ihre Bedeutung. Denn bessere und langfristig erfolgreichere Öffentlichkeitsarbeit als die so genannte Mundpropaganda gibt es kaum. Warum? Wir alle hören doch darauf und interessieren uns dafür, was uns Freunde und Bekannte raten oder anvertrauen. Auch Journalisten stellen in dieser Beziehung keine Ausnahme dar. Nur die Fachbezeichnung für dieses geradezu altehrwürdige Kommunikationsinstrument hat sich geändert: Heutzutage spricht man von **viraler PR** oder, ausschließlich auf den Absatz bezogen, von **viralem Marketing**. Der Erfolg ist jedoch unverändert geblieben.

4.1.2 Aufbau eines Presse- bzw. Medienverteilers

Bevor Sie daran gehen, Ihren ganz persönlichen Presse- bzw. Medienverteiler aufzubauen, sollten Sie intensiv überlegen, welche Medien, Institutionen und Multiplikatoren ganz allgemein für Ihr Unternehmen wichtig sind bzw. in nächster Zeit wichtig sein könnten.

Jede Firma, jede in und mit der Öffentlichkeit arbeitende Organisation hat die unterschiedlichsten Kommunikationszweige. Stellen Sie sich Ihr Unternehmen gewissermaßen als Nährboden für den „Medienbaum" vor. Aus dem „Stamm" sprießen die einzelnen Medienzweige: Presse (lokal/regional/fachspezifisch), Hörfunk (lokal/regional), Fernsehen (lokal/regional) usw. Alles, was sich darüber hinaus noch im Schatten dieses mächtigen „Medienbaums" tummelt, sind die sonstigen für Sie bedeutenden Institutionen (Industrie- und Handelskammer, Handwerkskammer, Presse- und Informationsämter von Stadt und Landkreis etc.) und Multiplikatoren ganz allgemein (Bundes- und Landtagsabgeordnete, Stadt- oder Gemeinderäte, einflussreiche Geschäftsleute etc.). Eine vereinfachte Grafik des Medienbaums finden Sie unter Kapitel 2, S. 15).

Listen Sie diese Kommunikationszweige mit vollständiger Anschrift, Telefon- und Faxnummern, Internetadressen inkl. E-Mail-Anschluss und Ansprechpartnern auf. Bilden Sie so genannte News- oder Info-Groups nach oben angegebenem Muster; denn nicht jede Ihrer Medien-Infos wird gleichzeitig für das Kleinostheimer Anzeigenblatt und die Regionalausgabe der FAZ von Bedeutung sein. Wenn Sie das geschafft haben, sind Sie künftig in der Lage, mit einem Mausklick oder einem Faxtastendruck die für die jeweilige PR-Kampagne relevanten Medienschaffenden auf einen Schlag zu informieren.

Der Aufbau dieser Mediendatenbank ist kein einmaliger Vorgang. Überprüfen und ergänzen Sie Ihren Medienverteiler in regelmäßigen Abständen. Wenn Anfragen kommen, checken Sie bitte umgehend, ob diese Medien bereits in Ihrem Verteiler stehen. Wenn nicht, sofort aufnehmen. Das Gleiche gilt für die interessierte Öffentlichkeit: Warum sollen eigentlich Großkunden oder langjährige Geschäftspartner bzw. die Hausbank erst aus den Medien erfahren, wie gut es Ihrer Firma geht oder was es sonst Neues gibt? Halten Sie diese doch selbst mit auf dem Laufendem. In aller Regel werden sie sich von diesem Informationsvorsprung geschmeichelt fühlen.

> **!** Vermerken Sie bitte in Ihrer Datenbank auch immer, wann Sie den letzten Kontakt zu den einzelnen Medien(-vertretern) hatten bzw. wie Ihre Aussendungen presse-, hörfunk- oder fernsehmäßig verwertet wurden. Nur so ist langfristig eine offensive und zielgenaue Öffentlichkeitsarbeit möglich.

Wenn Sie bereits über die Phase der Existenzgründung hinaus sind, könnte für Sie auch ein so genannter elektronischer Medienverteiler interessant sein, wie ihn zum Beispiel der *Zimpel Verlag* in Wiesbaden anbietet. Dort erhalten Sie die führenden Redaktionsadressen im deutschsprachigen Raum auf CD-ROM oder im Loseblattsystem. So haben Sie die für Ihre tagtägliche Öffentlichkeitsarbeit maßgeblichen Medien immer schnell, aktuell und direkt zur Hand.

4.2 Wie schreibt man eine Presse- bzw. Medienmitteilung?

Kurz, prägnant und gut, könnte man flapsig antworten. Aber Spaß beiseite: Obwohl die Presse- bzw. Medienmitteilung nach wie vor eines der wichtigsten PR-Instrumente überhaupt ist, sind die meisten Exemplare das Papier nicht wert, auf dem sie gedruckt wurden und landen deshalb häufig ungelesen in den Redaktionspapierkörben.

Bevor Sie mit dem Schreiben beginnen, rufen Sie sich bitte einige bedeutsame Gesetze des Journalismus in Erinnerung:
Jeder Presseartikel bzw. jede Pressemeldung muss grundsätzlich die sogenannten W-Fragen beantworten: **Wer? Was? Wann? Wo? Wie? Warum?** Ergo sollte auch Ihre Medienmitteilung analog aufgebaut sein. Journalisten schätzen es nicht besonders, wenn Sie sich wegen solcher Kleinigkeiten mit dem Verfasser in Verbindung setzen müssen. *„Ein geschriebener Satz hat zehn Worte."* und *„Es gibt kaum ein Ereignis der Weltgeschichte, das ein Ausrufezeichen gerechtfertigt hätte.",* pflegte Ferdinand Simoneit (früher: Chefkorrespondent des *Spiegel*, Chefredakteur *Capital* und Redaktionsdirektor *Motor Presse Stuttgart*) immer zu sagen. Auch ein weiterer Ausspruch von dem späteren Professor für Journalismus an Deutschlands Elite-Universität Hohenheim ist mittlerweile Legende: *„Der Chefredakteur ist die Krone der Schöpfung."* Eine Presse- bzw. Medienmitteilung ist maximal zwei groß bedruckte DINA4-Seiten lang und sollte auch als solche gekennzeichnet sein. Das Interessanteste vom Text steht immer am Anfang. Am Schluss, kursiv abgegrenzt, darf der Satz *„Wenn Sie noch Fragen haben sollten, steht Ihnen Frau A oder Herr B unter der Telefonnummer sehr gerne zur Verfügung."* nicht fehlen. Orientieren Sie sich an diesen Vorgaben und beherzigen Sie diese, wann immer es geht. Es erleichtert die Zusammenarbeit mit den Medien ungemein.

Das wichtigste und zugleich schwierigste jeder Medienmeldung überhaupt ist das Formulieren der Hauptüberschrift und der dazugehörigen Sub-Headlines. Warum? Diese zwei, drei oder maximal vier Zeilen entscheiden darüber, ob der Rest noch gelesen oder gleich direkt entsorgt bzw. gelöscht wird. Lassen Sie sich für diese Zusammenfassung, respektive Inhaltsangabe, etwas Besonderes einfallen: Erfinden Sie Wortspiele, bauen Sie einen Bezug zu lokalen Gegebenheiten auf. Machen Sie, was Sie wollen, aber schaffen Sie einen griffigen Aufhänger. Wenn Sie Anregungen in dieser Richtung brauchen, kaufen Sie sich einfach eine aktuelle Ausgabe der Fachzeitschrift *auto motor und sport*. Dort wird diesem Prinzip schon fast bis zum Exzess gehuldigt. Beispiele gefällig?

> **Beispiele für Headlines (aus *auto motor und sport*)**
>
> - „Heimat, deine Sterne" (Bericht über die neue Modellvielfalt im Hause Mercedes)
> - „Bußen-Freunde" (Artikel über die Strafzettelflut in Deutschland)
> - „Netz-Werk; Mobiler Großrechner mit Luftfederung" (Erläuterungen zum Siebener BMW mit Internetzugang)

Und so geht es Seite für Seite in diesem Magazin weiter. Mit Erfolg, wie man an den jährlichen Auflagenzuwächsen ablesen kann.

Schreiben Sie sachlich, ungekünstelt, aber mit Esprit. Hüten Sie sich vor Superlativen, wenn Sie nicht wirklich angebracht sind. Lesen Sie in Ihrer Freizeit, auch wenn diese knapp bemessen sein dürfte, so viel Literatur wie möglich. Schreiben ist ein Talent, das ohne „nahrhaftes Lesefutter" nicht wachsen kann bzw. gleich ganz verkümmert.

Ihre Medienmitteilung wird für Außenstehende verfasst. Diese haben meistens überhaupt keine Ahnung von Ihren innerbetrieblichen Vorgängen sowie dem damit häufig einhergehenden Fachchinesisch. Denken Sie sich beim Schreiben immer wieder in eine solche externe Person hinein. Hinterfragen Sie permanent, inwieweit der Text allgemein verständlich und auch ohne besondere Kenntnisse nachvollziehbar ist. Lassen Sie einen unbeteiligten Dritten oder anders formuliert einen absoluten Laien in Ihrer Materie vor Aussendung unbedingt „drüberlesen". Diese Vorgehensweise wird im Fachjargon häufig auch als „Putzfrauentest" bezeichnet.

Eine Presse- bzw. Medienmitteilung darf im Grunde alles, außer langweilen. Gleichwohl sollten Sie nie der Versuchung erliegen, in Ihren schriftlichen Verlautbarungen ein bisschen schummeln zu wollen. Sofern die Journalisten aus Mangel an Fachwissen nicht selbst in kurzer Zeit realisieren, dass ihnen eine „Ente" aufgebunden wurde, die liebe Konkurrenz wird diese ganz schnell erkennen und für eine Richtigstellung in den entsprechenden Medien sorgen. Und den schwarzen Peter haben Sie dann.
Beachten Sie deshalb: Alle Namen (Vor- und Zunamen einschließlich sämtlicher Titel aller genannten Personen, werden nur bei der ersten Erwähnung im Text vollständig ausgeschrieben; die Anredefloskel „*Herr*" oder „*Frau*" unterbleibt.), Zahlen und Fakten müssen plausibel und in kurzer Zeit überprüfbar sein. Nur dann haben Sie eine adäquate Chance, Ihre Texte in den Medien wiederzufinden. (Vgl. auch Übung 8, S. 87ff.)

Aber lassen Sie uns folgende Situation zum Anlass nehmen, eine Medienmitteilung konkret zu verfassen: Ihre Firma, gerade mal ein Jahr alt, führt ein neues Produkt ein, das bisher nur in den USA käuflich erworben werden konnte. Das möchten Sie natürlich kommunizieren:

> **ⓧ Beispiel:**
>
> Wackersdorf, am 11.08.2001
>
> Medien-Info•Medien-Info•Medien-Info•Medien-Info•Medien-Info•Medien-Info•Medien-Info
>
> ### Wir treiben's bunt – Bekennen auch Sie Farbe
> # Born In The USA
> #### Bis gestern nur in den Vereinigten Staaten erhältlich/Ab heute auch bei Farben Eimer
>
> „Der geilste Autolack der Welt", titelte das amerikanische Automagazin „Track & Driver" über den „UNI-COLOR 01". Diese einzigartig schimmernde und sich chamäleongleich den Lichtverhältnissen anpassende „Autowunderfarbe" ist ab sofort auch in Deutschland erhältlich. Als einziger Fachbetrieb in der Region hat die erst im Jahre 1996 gegründete Farben Eimer GmbH ein Exklusivvertriebsrecht für diesen bis dato ausschließlich in den USA erhältlichen „Wunderlack" bekommen. „Ich bin sehr stolz darauf, dass die Amis ausgerechnet uns ausgewählt haben, aber Qualität zahlt sich halt aus.", so Firmengründer und Geschäftsführer Hans Martin Pinsel. Und weiter: „Wir werden alles tun, um das in uns gesetzte Vertrauen zu rechtfertigen."
>
> Übermorgen, am ... , findet aus diesem Anlass in den Geschäftsräumen der Farben Eimer GmbH, Gewerbestr.1, 92442 Wackersdorf, von 10 bis 16 Uhr ein so genanntes „Show-Auto-Lackieren" mit amerikanischem Barbecue statt. Die gesamte Bevölkerung ist dazu sehr herzlich eingeladen.
>
> *Sofern Sie noch Fragen haben sollten, steht Ihnen Herr Hans Martin Pinsel unter der Telefon-Nummer: 09431/544562-23 sehr gerne zur Verfügung.*

Wenn Sie jetzt sagen, das ist ja einfach, das kann ich auch, dann haben wir unser Ziel erreicht. Die folgende Checkliste erinnert Sie bei der Erstellung Ihrer eigenen Pressemitteilung an die genannten Kriterien für eine erfolgreiche Pressemitteilung. (vgl. auch Übung 6, S. 86)

> **✓ Checkliste: Wie hoch ist der Newswert Ihrer Medienmitteilung?**
> ☐ **Aktualität?** (Motto: „Nichts ist älter als die Zeitung von gestern.")
> ☐ **Inhaltliche Substanz?** (Sind ggf. Nachfolgeartikel oder weitere Medienberichterstattung möglich?)
> ☐ **Regional- oder Lokalbezug vorhanden?** („Das Existenzgründertreffen findet bei uns in Gera statt.")
> ☐ **Öffentliches Interesse gegeben?** („Die Inno GmbH schafft 10 neue Arbeitsplätze.")
> ☐ **Mensch im Mittelpunkt?** (Menschen interessieren sich immer für Menschen – auch für Beförderungen, Mitarbeiterjubiläen etc.)
> ☐ **Produktinnovation?** (Technischen Fortschritt sichtbar und begreifbar machen.)
> ☐ **Kuriosität?** („Afrikanischer Raubfisch im Firmenteich entdeckt.")
> ☐ **Prominenz (auch zweifelhafte)?** (Namen sind Nachrichten: „Jürgen Drews gibt am Samstag Autogramme bei der Meier GmbH.")

4.3 Medienveranstaltungen organisieren – leicht gemacht

Sie werden sehen: Die besten Kontakte knüpfen Sie nicht bei Kongressen, Symposien und sonstigen Fachtagungen, sondern bei den eigenen Medienveranstaltungen. Warum? Weil Sie hier selbst Regie führen können und das Zepter in der eigenen Hand halten.

In Palo Alto, im Silicon Valley, dort wo man immer ganz nah am Puls der Zeit oder des Zeitgeistes ist, trifft man sich in der PR- und Medienbranche derzeit am liebsten zu so genannten Media-Walkings. Was das ist? Nun, kurz gesagt: Man kennt sich, man trifft sich und beim Spazierengehen wechseln die „latest and hottest news" aus der High-Tech- und Software-Branche den Besitzer. Soweit sind wir in Deutschland noch nicht. Aber es steigert Ihr Image und Ihren Bekanntheitsgrad mit Sicherheit, wenn Sie sich immer wieder überraschende Medien-Events ausdenken und auch durchführen. Ein paar Hilfestellungen hierzu wollen wir Ihnen anschließend geben.

4.3.1 Presse- bzw. Medienkonferenz

„Pressekonferenzen sind eigentlich ein Unding: Sie widersprechen allem, was Medienleute wollen. Journalisten möchten die exklusive Nachricht, die die anderen nicht haben, und das weit und breit zuerst. Genau das verhindern Pressekonferenzen, weil der Einlader gerne mit einem Aufwasch möglichst viele Pressevertreter bedienen will. Deshalb sind sie aus Sicht der Presseleute ein Unding, eine Zumutung an das journalistische Selbstverständnis", so Wilfried Lindner in seinem viel beachteten *Taschenbuch Pressearbeit*.

Aber keine Angst. Sie werden alle kommen: Die Zeitungsreporter, die Fernseh- und Hörfunkkorrespondenten, die Online-Berichterstatter ..., aber nur unter einer Voraussetzung: Wenn es wirklich etwas Außergewöhnliches zu kommunizieren gibt. Dann muss man nämlich dabei gewesen sein – bei Ihrer Medienkonferenz. Denn nichts ist schlimmer, als im Konkurrenzmedium eine Nachricht „groß aufgemacht" zu sehen, die in der eigenen Zeitung oder dem eigenen Sender nicht vorkommt. Das ist vermutlich auch einer der wenigen Gründe, warum man zu Presse- oder Medienkonferenzen geht: Die nicht unbegründete Sorge, etwas Wichtiges zu verpassen.

Gehen Sie, nicht zuletzt aus Kostengründen, sehr sparsam mit dem PR-Instrument Pressekonferenz um. Es muss sich wirklich um bedeutende Informationen von allgemeinem Interesse handeln, die in einer Medienmitteilung nur ungenügend bzw. unter Wert verkauft werden können. Die Präsentation der Quartalszahlen von *EM.TV* rechtfertigen so eine Veranstaltung wohl immer. Inwieweit dies bei Ihrer Firma Sinn macht, müssen Sie selbst entscheiden. Die radikalste Meinung hierzu vertritt die Journalistin und Beraterin Sabine Asgodom. Sie schreibt: *„Pressekonferenzen können Sie vergessen ... Lassen Sie die Finger davon. Für Selbstständige, Freiberufler und kleine oder mittlere Unternehmen ist diese Art der Pressearbeit in der Regel fruchtlos."* Aber gemach, nichts wird so heiß gegessen, wie es gekocht wird.

Klar, es gibt kaum etwas Peinlicheres als eine Medienkonferenz, zu der außer einem Vertreter vom örtlichen Anzeigenblatt, welcher auf lukrative Anzeigenaufträge hofft, keiner erscheint. Ein neues, innovatives Produkt, die Schaffung langfristiger, qualifizierter Arbeitsplätze, oder die Akquisition eines sehr lukrativen und außergewöhnlichen Auftrags eignen sich dennoch ideal für die Einladung der Medienvertreter ins eigene Unternehmen. Oder frei nach Konrad Adenauer: Eine Pressekonferenz ist immer dann gerechtfertigt, wenn die Damen und Herren von der schreibenden Zunft zufrieden in ihre Redaktionsstuben zurückkehren. Wobei sich die Zeiten auch in diesem Bereich grundlegend geändert haben: Heute arbeiten die Medienvertreter zumeist unter höchstem Zeitdruck in personell unterbesetzten Redaktionen und überlegen es sich deshalb zweimal, ob sie einen Außer-Haus-Termin wahrnehmen.

Denken Sie daran: Eine gute Pressekonferenz braucht im Allgemeinen eine Vorbereitungszeit von etwa 40 Tagen. Natürlich können aktuelle Ereignisse dazu zwingen, unverzüglich eine solche einzuberufen. *„Die Erfahrung zeigt, dass in diesem Fall die Präsenz sehr stark vom Bekanntheitsgrad und der Bedeutung des Unternehmens und der Brisanz des Themas abhängig ist"*, so Knut S. Pauli in seinem *Leitfaden für die Pressearbeit*. Im Normalfall schicken sie etwa 20 Tage vor der Medienkonferenz die „Lust auf mehr" machende Einladung mit vorbereiteter Rückantwort per Fax raus. Mehr Eindruck erzielen Sie als Existenzgründer in aller Regel mit einem persönlichen Brief, dem die Einladung beiliegt. Fassen Sie Ihr Schreiben auf der Basis von **AIDA** ab.

Attention: Aufmerksamkeit erzielen; das gelingt am leichtesten mit einem interessanten Einleitungssatz oder einem außergewöhnlichen Betreff.

Interest: Interesse wecken; was können Sie dem Empfänger Interessantes bieten? Wie heißt der Stoff, aus dem die Medien-Träume sind? Machen Sie die Journalisten „heiß"; zumindest ein bisschen.

Desire: Kontaktwunsch stimulieren; in diesem Briefteil sollten Sie erreichen, dass der Medienvertreter zu Ihrer Konferenz kommt.

Action: Handlung auslösen; hier sollten Sie auf die beiliegende Einladung und vielleicht zusätzlich auf den genauen Veranstaltungsort und -termin hinweisen.

Rund 10 Tage vorher können Sie die Einladung ruhig nochmals als E-Mail versenden. Jeder, der schon mal in einer Redaktion zu Besuch war oder sogar dort gearbeitet hat, weiß, wie schnell in dem Wust aus Pressemitteilungen, Nachrichtenagenturfaxen, ausgedruckten E-Mails (ja, auch das gibt es heute noch ...) und sonstigen Schriftstücken eine Einladung „untergehen" kann.

Etwa 48 Stunden vor der Konferenz sollten Sie nochmals telefonisch abklären, welche und wie viele Medienvertreter nunmehr gedenken teilzunehmen. Dies ist auch im Hinblick auf die ausgewählte Örtlichkeit bzw. die Bestuhlung sehr wichtig. Es macht nämlich einen sehr schlechten Eindruck, wenn für 30 Personen vorbereitet (Pressemappen mit den wichtigsten Firmen- bzw. Produktinformationen und Schreibutensilien nicht vergessen!) wurde und nur acht anwesend sind (Motto: So interessant kann das hier ja nicht sein, sonst wären mehr Kolleginnen und Kollegen gekommen …) Nur in begründeten Ausnahmefällen (Andrang übertrifft alle Erwartungen; Umbau Besprechungszimmer etc.) sollten Sie die Medienkonferenz in externen Räumlichkeiten durchführen; denn viele Journalisten haben vielleicht insbesondere bei einem jungen Unternehmen mit außergewöhnlichen Dienstleistungen oder Produkten noch etliche Nachfragen, die sich im Anschluss bei einer persönlichen Inaugenscheinnahme am Ort des Geschehens viel leichter klären und erklären lassen.

> Zum Thema Catering nur so viel: Es sollte dem Anlass oder dem Ereignis angemessen sein. Heißt im Klartext: Wenn man den Abschluss eines lukrativen Auftrags bekannt gibt, kann man auch mal edlere Häppchen servieren. Beim Verkünden negativer Unternehmensdaten oder bei Stellenstreichungen sollte außer den üblichen Getränken (Wasser, Saft, Cola, Tee und Kaffee – keine Alkoholika, sofern Sie nicht in dieser Branche tätig sind) nur etwas Gebäck oder Knabberzeug gereicht werden. Sonst taucht über kurz oder lang die „Verschwendungstheorie" mit Sicherheit in den Medien auf.

Als Firmeninhaber können Sie über alles sprechen, außer über 15 Minuten. Vergessen Sie dieses „Grundgesetz" bitte unter keinen Umständen. Reden heißt führen und Führung ist immer in die Zukunft gerichtet. Deshalb dürfen Sie bei einer Medienkonferenz nicht nur beschreiben was war bzw. was ist, sondern eigentlich noch viel wichtiger: Was sein wird! Zeigen Sie Vision und benennen Sie Ziele. Aber bedenken Sie dabei auch, dass die Medienvertreter Sie bei passender Gelegenheit wieder an Ihre Aussagen erinnern werden und handfeste Resultate sehen wollen. Überspannen Sie deshalb den Bogen der Glaubwürdigkeit lieber nicht, Sie würden es bei der nächsten Medienkonferenz bitter bereuen.

> Lassen Sie die ganze Veranstaltung von Ihrem „medienerfahrensten" Mitarbeiter moderieren. Sie selber sollten dies nicht machen, da Sie ja schlecht in der Doppelrolle als Conférencier und Unternehmensleiter auftreten können. Haben Sie auch auf kritische, nachhakende Fragen immer eine fachlich kompetente und diplomatische Antwort parat.

Ordnen Sie Ihre Gedanken, bevor Sie zu sprechen beginnen und drücken Sie sich in Anwesenheit der Medienvertreter nie ungenau oder missverständlich aus. Versuchen Sie auch nicht zu viel in eine Antwort „reinzupacken", sonst leidet die Verständlichkeit. In der Kürze liegt die Würze oder anders formuliert: Die Wirksamkeit Ihrer Aussagen nimmt mit der Satzlänge ab. Vermeiden Sie Passivkonstruktionen und Schachtelsätze. Verwenden Sie statt dessen lieber Hauptsätze, die Ihr unternehmerisches Engagement und Ihre Tatkraft widerspiegeln. Sprechen Sie klar und deutlich. Der letzte „Nuschler", der im deutschsprachigen Raum Erfolg hatte, war der unvergessene Hans Moser. Gehen Sie auf die Ihnen gestellten Fragen sorgfältig ein und schweifen Sie nicht vom Thema ab. Sie sind Unternehmer und kein Politiker. Zollen Sie Ihrem Gegenüber – auch von der Körpersprache her – Respekt, selbst wenn er vielleicht von Ihrer beruflichen Materie nur sehr wenig Ahnung hat. Denn wie sagt ein altes persisches Sprichwort so treffend: Klug zu fragen ist schwieriger als klug zu antworten.

Üben Sie dies alles im Vorfeld der Veranstaltung unbedingt als Rollenspiel mit Ihrem Pressesprecher oder PR-Mann. Am besten vor ausgewähltem Publikum (Verwandte, Freunde, Bekannte) und laufender Videokamera. Denn „probieren geht über studieren", wie der Volksmund weiß, und selbst höchstbezahlte, medienerfahrene Vorstandvorsitzende bereiten sich alljährlich intensiv auf die obligatorische Bilanzpressekonferenz vor. Wenn Sie über keinen eigenen Öffentlichkeitsarbeiter verfügen, schalten Sie einen erfahrenen PR-Berater zur Unterstützung ein. Oder lassen Sie gleich die ganze Medienkonferenz, zumindest beim ersten Mal, von einer guten PR-Agentur planen und durchführen. Unprofessionalität verzeiht Ihnen in diesem Geschäft niemand.

4.3.2 Tag der offenen Tür

„Tage der offenen Tür besitzen in der Öffentlichkeit einen hohen Bekanntheitsgrad und werden von der Bevölkerung sehr positiv beurteilt", stellte Prof. Dr. Detlev Balfanz im Jahre 1983 fest. Auch zu Beginn des dritten Jahrtausends hat diese Aussage uneingeschränkte Gültigkeit. Es müssen ja nicht immer gleich über 30.000 Besucher aus aller Welt sein, wie sie der FC Bayern jedes Jahr bei seinem Tag der offenen Tür an der Säbener Straße in München begrüßen kann. Auch der bayerische Ministerpräsident höchstselbst nutzt diese PR-Variante sehr intensiv und mit großem Erfolg: Die Resonanz der interessierten Öffentlichkeit ist so gut, dass er diese Veranstaltung gleich mehrere Male pro Jahr in seiner Staatskanzlei durchführen lässt.

Auch wenn Sie jetzt bereits „Feuer und Flamme" für einen solchen Event sind, sollten Sie die damit verbundenen langwierigen Vorbereitungen und den Kostenfaktor nicht unterschätzen. Zwischen 8 und 10 Monaten Vorlaufzeit und etliche tausend

Euro sollten Sie unbedingt einplanen. Es beginnt bei A wie „Ablauf" und endet bei Z wie „Zeitungen mittels Pressemitteilung informieren". Überlegen Sie sich zu Beginn das ganze Programm sehr genau: Welche Attraktionen wollen Sie zusätzlich bieten (Autogrammstunde mit einem Prominenten, Benefizaktion mit lokalem Bezug, musikalische Untermalung, Hüpfburg für die Kleinen, kulinarische Spezialitäten der Region etc.) Sollten Sie einen Produktionsbetrieb haben: Gratulation, denn beim Entstehen eines Produktes „hautnah" dabei zu sein, interessiert die Leute immer. Sollten Sie es zusätzlich schaffen, einen der örtlichen Hörfunksender (die meistens alle über so genannte Media-Live-Abteilungen verfügen), in Ihr Vorhaben einzubinden, steht einer erfolgreichen Veranstaltung, mit Ausnahme des Wetters, nichts mehr im Wege. Warum? Sie ersparen sich aufwändige und teure Werbemaßnahmen, da der Radiosender als „Co-Veranstalter" schon aus Eigeninteresse dafür sorgen wird, dass die Veranstaltung ausreichend in seinen Sendungen beworben wird. Kostenlos selbstverständlich, und auch um die Musik müssen Sie sich nicht kümmern, die macht der Moderator mit seiner mobilen Discothek vor Ort und speist sie, wenn Sie Glück und eine Radiostation mit Übertragungswagen haben, gleich ins laufende Hörfunkprogramm ein. Eine Live-Sendung vom eigenen Firmengelände – was will man eigentlich mehr?

Klären Sie im Vorfeld ganz genau, welche Ihrer Mitarbeiter zu welcher Zeit die „Menschenmassen" auf welchen Wegen (Sicherheitstechnische und feuerpolizeiliche Bestimmungen werden durch einen Tag der offenen Tür nicht außer Kraft gesetzt.) durch Ihr Unternehmen führen wollen. Vor allem, was Ihre Beschäftigten bei dieser Betriebsführung sagen dürfen und was nicht, denn Ihre Konkurrenz wird die Gelegenheit gern wahrnehmen, sich mal genauer in Ihren Räumlichkeiten umzusehen und auch umzuhören. Verlassen Sie sich darauf. Übrigens: Die schön gestaltete Pappuhr mit beweglichen Zeigern, Logo und der Aufschrift *Nächste Führung um ..."* leistet dabei auch heute noch gute Dienste. Planen Sie mit ein, dass erfahrungsgemäß am späten Vormittag und am frühen Nachmittag mit dem größten Andrang zu rechnen ist.

Stellen Sie eine ausreichende Anzahl von Parkplätzen zur Verfügung, die bei jeder Wetterlage angefahren werden können – die überwiegende Mehrheit der Teilnehmer wird mit dem eigenen Auto anreisen. Verschlammte Schuhe und nasse Füße auf Grund einer aufgeweichten „Betriebsparkwiese" werden bei allen Besuchern in wenig angenehmer Erinnerung bleiben und auch Sie werden die hinterlassenen Spuren in Ihrer Betriebseinrichtung noch lange bewundern können.

Auch ausreichende sanitäre Einrichtungen und deren permanente Reinigung sollte man nicht vergessen. Falls auf dem eigenen Firmengelände nicht genügend Ressourcen vorhanden sein sollten, müssten Toilettenwagen mit einem vernünftigen Standard angemietet oder mobile Toilettenanlagen aufgestellt werden. Darüber hinaus sollte man für allgemeine Notfälle immer gewappnet sein und wenn möglich, ein paar Helfer vom Roten Kreuz parat und einen Arzt greifbar haben. Es gibt kaum eine schlechtere PR als die Schlagzeile *„Unfall beim Tag der offenen Tür – Hilfe ließ auf sich warten"*.

Wenn Sie sich also für einen bestimmten Tag oder ein bestimmtes Wochenende entschieden haben, holen Sie sich doch bei einem Wetterdienst die „Durchschnittsprognose" für den ausgewählten Termin ein. Sofern Sie dann feststellen sollten, dass es an diesem Tag in den letzten zehn Jahren immer geregnet hat, sollten Sie vielleicht Ihre Festlegung noch einmal überdenken.

Fragen Sie auch rechtzeitig bei den wichtigsten örtlichen Politikern (Landrat, Bürgermeister, gegebenenfalls auch Bundes- und Landtagsabgeordnete) für ein Grußwort an. Verschicken Sie auch alle anderen VIP-Einladungen an besonders geschätzte Geschäftsfreunde und wichtige Kunden lieber früher als später.

„Als Aufhänger für einen Tag der offenen Tür, der praktisch nur an arbeitsfreien Samstagen und an Sonntagen stattfinden kann, ist ein aktueller Anlass, wie beispielsweise die Einweihung eines ... Bauwerks ... oder die Umstellung des Produktionsprozesses auf neue Betriebsmittel, von Vorteil. Damit der Anlass auch motivierend auf die Öffentlichkeit wirken kann, muss darauf in der Bekanntmachung des Tages der offenen Tür unbedingt hingewiesen werden.", so Detlev Balfanz. Dem ist nichts mehr hinzuzufügen.

Damit Sie bei Ihrem nächsten Tag der offenen Tür keinen der angesprochenen Punkte vergessen, können Sie mit folgender Checkliste arbeiten.

✓ PR-Checkliste: Event am Beispiel „Tag der offenen Tür"

Chronologische Abfolge	Aktionen/Maßnahmen	Wer übernimmt Aufgabe?	Bis wann muss diese Aufgabe erledigt sein? KW?
mind. 10 Monate vor Beginn	• genauen Veranstaltungszeitpunkt bzw. -ort festlegen • Budget festlegen	Unternehmensleitung	
mind. 10 Monate vor Beginn	• Aufgaben definieren und verteilen • Programm fixieren	Mitarbeiter oder externer Dienstleister	
mind. 3-4 Monate vor Eventbeginn	• Einladungsliste erstellen • Programmablauf endgültig ausfertigen	Mitarbeiter oder externer Dienstleister	
mind. 3 Monate vor Beginn	• Eingeholte Angebote prüfen und mit Budget abgleichen	Mitarbeiter	
mind. 3 Monate vor Beginn	• Aufträge erteilen (Catering, Künstler, Reinigungspersonal, Parkeinweiser etc.)	Mitarbeiter, Freigabe durch Unternehmensleitung	
ca. 2 Monate vorher	• Einladungen verschicken (Mitarbeiter, Geschäftspartner, VIPs)	Mitarbeiter, nach Unterschrift durch Unternehmensleitung	
1-2 Monate vorher	• Drucksachen wie Plakate, Prospekte, Namensschilder, Aktionsunterlagen fertig stellen	Mitarbeiter oder externer Dienstleister	

Medienveranstaltungen organisieren – leicht gemacht

1 Monat vorher	• Medieneinladungen versenden (enthalten persönliches Anschreiben, Antwortkarte, Pressemappe) • Sicherheitsauflagen klären bzw. Genehmigungen einholen (Amt für öffentliche Ordnung)	Mitarbeiter oder externer Dienstleister	
ca. 10 Tage vor Eventbeginn	• Generalprobe („Durchspielen" des gesamten Events) • Mitteilung an Anwohner (evtl. Lärmbelästigung)	Mitarbeiter oder externer Dienstleister	
24 bis 48 Stunden vor Beginn	• Technik (Licht, Sound) installieren und prüfen • Bestuhlung kontrollieren • Hinweisschilder (Ausgang, Toilette, Parkplatz) anbringen • Mitarbeiter einweisen	Mitarbeiter oder externer Dienstleister	
Veranstaltung	• Unternehmensleitung und Mitarbeiter müssen als hilfsbereite und kompetente Ansprechpartner und Gastgeber zur Verfügung stehen	Unternehmensleitung, Mitarbeiter	
nach dem Event	• Dokumentation der Veranstaltung für Medienarbeit (Pressemitteilung erstellen, Homepage aktualisieren, Dankesbrief an Honoratioren und VIPs versenden) • **ERFOLG KOMMUNIZIEREN!**	Mitarbeiter oder externer Dienstleister	

4.3.3 Messeauftritt

Warum ging man früher als Unternehmer auf eine Messe? Richtig, man wollte entweder kaufen oder verkaufen. Die Zeiten haben sich grundlegend geändert. Nach einer aktuellen Studie des Ausstellungs- und Messeausschusses der deutschen Wirtschaft begründen 85 Prozent der Aussteller ihre Messebeteiligung mit dem Wunsch, den eigenen Bekanntheitsgrad zu steigern und „Flagge" in Form von Präsenz zu zeigen. Dies belegt eindeutig, dass künftig bei Messen die reine Dienstleistungs- und Produktpräsentation noch weiter in den Hintergrund treten wird. Die Vermittlung von Werten und Visionen der sich präsentierenden Unternehmen genießt demnach Priorität.

Die Reduzierung der Messeziele auf Maßnahmen, die mehr oder weniger mit Themen der Imagepflege zu tun haben, bietet ungeahnte Chancen für die Öffentlichkeitsarbeit. Warum? *„Wenn viele trommeln, hört man es weiter."*, besagt eine alte afrikanische Volksweisheit. Übertragen auf das bundesdeutsche Messegeschehen heißt dies ganz einfach: Wenn große Unternehmen viele Medienvertreter zu Ihren ganz speziellen Messe-Events einladen, dann besucht ein Journalist nicht nur den Stand von *Microsoft* oder *BMW* an diesem Tag, sondern auch den Existenzgründer XY, wenn der eine interessante Veranstaltung am gleichen Tage zustande bringt. Motto: *„Geh' ich halt mal hin, wenn ich eh' schon da bin!"* Diese schon fast magische Anziehungskraft der Firmengiganten sollten Sie gezielt nutzen. Machen Sie sich bereits Wochen vorher auf den Homepages besagter Firmen und auf den speziellen Messewebsites schlau, wer wann wo wen einlädt. Versuchen Sie einen Messestand in der Nähe von weltbekannten Firmen zu bekommen. Je kleiner Ihr Stand, desto größer die Wahrscheinlichkeit, dass Sie noch ein „Nischenplätzchen" ergattern können. Wenn Sie in einer anderen Halle als die Branchenriesen untergebracht sind, kein Problem. Postieren Sie einen ansehnlichen Mitarbeiter oder eine ansehnliche Mitarbeiterin (Wenn Sie es sich leisten können, engagieren Sie apart anzusehende Promotiongirls oder -boys, denn das Verkaufscredo „sex sells" gilt auch hier.) in der Nähe der von den Medienvertretern am häufigsten frequentierten Messestände. Lassen Sie dort spezielle Flyer oder täglich wechselnde Promotion-Cards verteilen, die auf Ihren Stand und die dort stattfindenden Veranstaltungen hinweisen. Schließen Sie bereits im Vorfeld Ihrer Fachmesse Kontakt mit der Öffentlichkeitsabteilung der Messegesellschaft. Dort werden Sie wertvolle Tipps über das gesamte Messeprocedere und das zu erwartende Medien-Coverage (d.h. die Berichterstattung) bekommen.

Beispiel aus unserer Beraterpraxis

SEHENSWERT

Sie entdecken exklusive Einrichtungsideen für den besonderen Anspruch. Erleben Sie die Steigerung von Stil und Atmosphäre.

Wir freuen uns, Sie an unserem Stand begrüßen zu dürfen!

INTERNATIONALE
MÖBELMESSE IN KÖLN
vom 14.01. bis 20.01.2002
in Halle 3.1, Gang K 28

REMARKABLE

You will discover exclusive interior design ideas for high quality demands. Experience the increase of style and atmosphere.

We are looking forward to seeing you at our exhibition site!

INTERNATIONAL
FURNITURE FAIR
IN COLOGNE
from 14th to 20th January 2002
in hall 3.1, aisle K 28

Innenseite einer Messeeinladung zur Internationalen Möbelmesse Köln 2002

Messauftritte haben noch weitere nicht zu unterschätzenden Vorteile: Die direkte Begegnung von Mensch zu Mensch ist auch durch modernste Kommunikationsmittel nicht zu ersetzen. Planen Sie deshalb Ihren Messestand so, dass er zur Begegnung einlädt. Das hat nichts mit Größe, sondern mehr mit Transparenz und leichter Zugänglichkeit zu tun. Man kann auch mit geringem Material- und Geldaufwand etwas schaffen, das überzeugt und Wirkung hinterlässt. Ihr Stand sollte in Aussehen und Wertigkeit die Ziele und Botschaften Ihrer Firma kommunizieren. Keine leichte Aufgabe. Aber was Ihnen an finanziellen Mitteln fehlt, kann Ihr Standarchitekt bzw. -bauer durchaus mit intelligentem Design und kreativer Anmutung wieder wettmachen. Nebenbei bemerkt: Design- und Architekturstudenten der höheren Semester oder Chefdekorateure großer Bekleidungshäuser sind meistens engagierter, näher am Zeitgeist und billiger als renommierte Standbauer. Haben aber dafür auch in aller Regel wenig Messebauerfahrung.

Eine Messe bietet die perfekte Möglichkeit zur persönlichen Direktkommunikation und hat wegen der realen Produkt- oder Dienstleistungspräsentation eine starke emotionale Wirkung. Diese These kann jeder bestätigen, der schon einmal auf der *Internationalen Automobilausstellung* in Frankfurt oder der *CeBit* in Hannover zu Gast war.

Im Gegensatz zu einem Tag der offenen Tür, bei dem undifferenziert die gesamte interessierte Öffentlichkeit angesprochen wird, befindet sich auf der Messe genau Ihre Zielgruppe. Menschen jeglicher Altersgruppen die sich für Ihr Produkt, Ihre Dienstleistung oder sogar für eine Anstellung bei Ihnen interessieren. Vergessen Sie nicht, dass Ihr Unternehmen allein durch eine gelungene Messeteilnahme unwahrscheinlich viel für sein positives Image als Arbeitgeber tun kann. Die Attraktivität eines Arbeitgebers ist zum Glück nicht nur abhängig von Bekanntheit, Größe und Umsatz, sondern maßgeblich von der permanenten Bereitschaft, dem gesuchten Personal das geforderte Arbeitsumfeld zu ermöglichen. Diese auf der Messe demonstrierte Aufgeschlossenheit wird im Gegenzug von vielen anwesenden Fachkräften sofort mit konkretem Bewerbungsinteresse honoriert. Sie werden sehen.

Und noch was: Wenn Sie Ihr Unternehmen neu ausrichten oder massiv umgestalten wollen, können Sie das auf einer Messe am schnellsten kommunizieren. Direkteren und einfacheren Zugang zu den Medien und der eigenen Branche findet man wohl kaum.

Wenn Sie es sich leisten können oder wollen, engagieren Sie doch ein „prominentes Zugpferd", exklusiv für die Messe. Prominente garantieren in aller Regel ein hohes Besucher- und Medieninteresse und erzielen somit größte Aufmerksamkeit. Doch Vorsicht: Auf die richtige Auswahl kommt es an. Nicht jeder Promi kann eine Moderation oder eine Produktpräsentation perfekt ausführen. Ein Softwarehersteller sollte auf einer Fachmesse sein neuestes Programm besser nicht von einem TV-Sternchen wie z.B. Nadja Abdel Farrag (besser bekannt als „Naddel") oder Jenny Elvers erklären lassen. Image und Auftreten müssen immer einen eindeutigen Bezug zum vorzustellenden Produkt, zur präsentierenden Firma oder zum jeweiligen Anlass haben. Unterschätzen Sie es nicht: Fachbesucher und Medienvertreter sind anspruchsvoll. Wenn Sie mit Ihrem Waren- oder Dienstleistungsangebot überzeugen wollen, müssen Kompetenzvermittler her. Prominente mit seriösem Image wie Sabine Christiansen oder RTL-Nachrichtenmann Peter Kloeppel, die leider auch sehr genau wissen, was sie in Euro wert sind. Aber keine Angst: Auf einer Publikumsmesse darf die Präsentation ruhig lockerer ausfallen. Hier sind Ausstrahlung, Optik und etwas Moderationserfahrung gefragt und die bringt sogar eine Ariane Sommer mit.

> **Beispiel:**
>
> Einer der größten Coups in dieser Richtung gelang 1999 der *Sphinx Sanitär GmbH* aus Wallhausen. Zur Sanitärmesse *ISH* in Frankfurt am Main hatte die Firma die Ex-Tagesschausprecherin Susan Stahnke gebucht, die damals gerade mit Ihren Hollywood-Plänen für bundesweite Schlagzeilen, nicht nur in der Yellow Press, sorgte. Frau Stahnke moderierte am Sphinx-Stand und präsentierte die Weltneuheit *Lady P Damenurinal*. Mit durchschlagendem Erfolg. Kamerateams kämpften um die besten Plätze und die Kollegen von der schreibenden Zunft buhlten um ein Exklusivinterview. Ergebnis: Ausführliche TV-Berichterstattung in *ARD (Brisant)*, *RTL (Explosiv)* und *SAT (Blitzlicht)* sowie Erwähnung in fast allen deutschen Printmedien. *„Damit waren wir auf einen Schlag bekannt"* und *„das Honorar für Frau Stahnke ist bezahlbar"* gewesen, so Wolfgang Pering von der *Sphinx GmbH*.

Aber es kann auch anders laufen. Als Fehlinvestition erwies sich zum Beispiel eine sechsstellige Summe für Rock-Queen Tina Turner bei der Produktpremiere einer namhaften Firma aus der Unterhaltungsindustrie. Eine im Anschluss an den Auftritt durchgeführte Umfrage bei den Fachbesuchern und Medienvertretern brachte die totale Ernüchterung. Zwar erinnerten sich logischerweise fast alle noch an den Auftritt der Rocklegende, aber nur eine verschwindend geringe Anzahl der Teilnehmer an das gastgebende Unternehmen. Sie sehen: Es kommt auf das Konzept an. Ist es schlecht, kann auch der bekannteste und teuerste Star nichts mehr retten.

Planen Sie deshalb Ihren Messeauftritt sehr genau, fast wäre man geneigt zu sagen akribisch, und nutzen Sie anschließend diese einzigartigen Chancen, die Ihnen eine gut vorbereitete und optimal umgesetzte Messeteilnahme bietet. Betreiben Sie konsequent Imagepflege und Bekanntheitsgradsteigerung am Stand. Die Sentenz „*Im-*

mer nur lächeln, immer vergnügt ..." sollte Ihnen dabei als Leitmotiv dienen. Auch wenn die Füße schmerzen.

Detaillierte Informationen zum Thema Messe finden Sie im Buch *ABC des Messeauftritts*, das wie dieser Schnellkurs im *Lexika Verlag* erschien.

4.3.4 Medienpartys

Keiner weiß es mehr so genau: Wurden Medienpartys zuerst im Swinging London, im hippen New York oder im coolen Silicon Valley abgehalten? Egal, Tatsache ist, dieses PR-Instrument hat sich nicht nur bei Messen und Kongressen bestens bewährt.

Die größte Medienparty Deutschlands findet jedes Jahr anlässlich der Medientage in München statt. Bei der *Nacht der Medien*, dem Branchen-Get-Together schlechthin, sind alle Wichtigen, und die sich dafür halten, aus der Medienszene vertreten. Selbst Leo Kirch und Hubert Burda wurden schon gesichtet. Von Fred Kogel oder Christiane zu Salm ganz zu schweigen. Um den Event ein bisschen aufzulockern, werden natürlich neben den bekanntesten Party-People der Stadt auch die üblichen Stars und Sternchen aus Funk und Fernsehen wie zum Beispiel Heiner Lauterbach, Thomas Gottschalk oder Giulia Siegel eingeladen. Selbst der bayerische Ministerpräsident lässt es sich nicht nehmen, ab und an mit seinen Begleitern aufzutauchen. Aber keine Bange, auch die beste Gästeliste bietet keine Gewähr für das Gelingen einer Veranstaltung. Und für Sie als Chef eines kleinen oder mittleren Betriebes ist viel entscheidender, ob jemand aus der Führungsriege der örtlichen Zeitung sein Kommen avisiert hat.

Vielleicht stellen Sie sich jetzt die Frage: Was unterscheidet denn eine Medienparty von einer normalen Party? Eigentlich nichts, außer dass solche Parties in aller Regel schon zwischen 18 und 20 Uhr beginnen und hier die Vertreterinnen und Vertreter der Medien zahlenmäßig das Übergewicht haben oder zumindest haben sollten. Vorausgesetzt Musik, Catering und Location stimmen – ganz so wie bei jeder anderen Party halt auch. Aber mit dem Unterschied, dass hier in ausgelassener Atmosphäre häufig sehr viel schneller unternehmerisch nutzbare Begegnungen stattfinden, Medien-Kontakte geschlossen und Info-Netzwerke aufgebaut werden können als sonst üblich. Denn wo bitteschön haben Sie sonst schon mal die Gelegenheit, mit Journalisten ohne Termindruck über Gott und die Welt zu plaudern und vielleicht in einem Nebensatz Interesse für Ihr Produkt oder Ihre Dienstleistung zu wecken? Aber fallen Sie bitte bei zwanglosen Gesprächen nicht gleich mit der (Unternehmens-)Tür ins Haus, wie es im Volksmund so schön heißt. Das Vergnügen sollte bei einer solchen Veranstaltung im Vordergrund stehen. Lassen Sie nur latent Ihr unternehmerisches Geschick und anstehende Firmenaktivitäten anklingen. Das reicht in diesem Rahmen völlig aus und zeigt, dass Sie nicht mit Scheuklappen durch die Welt laufen.

Wie bereits angesprochen, können Sie Ihre Medienparty quasi als *After-Work-Party* schon gegen 18 Uhr beginnen lassen. Am besten in den eigenen Firmenräumen, sofern genügend Freiraum in Form einer großzügigen Empfangsebene, eines ausreichend dimensionierten Besprechungsbereichs oder eines idyllischen Innenhofes existiert. Sollten Sie zu den wenigen Auserwählten gehören, die ein Büro mit kleiner Dachterrasse oder großem Balkon haben, dürften Einladungen zu Ihrer Medienparty bald unter der Hand gehandelt werden. Spaß beiseite: Auch jede Werkstatt oder Tiefgarage kann mit der passenden Dekoration eine ideale Party-Umgebung sein. Lassen Sie sich etwas einfallen.

> **Beispiele**
>
> - Improvisieren Sie: Ein paar Tarnnetze aus dem Military-Shop an der Tiefgaragenwand befestigt und einige Palmwedel aus dem Deko-Laden auf dem Boden verstreut und schon ist er erschaffen, der Medien-Dschungel.
> - Etliche Strohballen (gibt's beim Land- oder Pferdewirt um die Ecke oder in jeder Großgärtnerei) in der Werkstatt ausgelegt, die Carrera-Bahn des Sohnes aufgebaut und alles mit Fahnen oder Fähnchen aus dem Formel-1-Fan-Shop dekoriert: Fertig ist Ihre ganz private Medien-Boxengasse.

Auch die Einladung per Fax oder E-Mail kann dem Anlass entsprechend ruhig etwas lockerer abgefasst werden. Passend zu den obigen Beispielen könnten diese z.B. so formuliert sein:
„Dschungelfieber bei Firma XY ausgebrochen."
„Der Medien-Grand-Prix startet am ... um ... bei der Meier GmbH. Jetzt anmelden per Fax, E-Mail oder telefonisch unter ..."

Schwieriger ist es mit der Musik. Ist sie zu laut, kann man sich nicht mehr unterhalten; ist sie zu leise, kommt vielleicht keine Stimmung auf. Am besten, Sie klären bereits im Vorfeld mit dem DJ oder der DJane ab, dass es in den ersten Stunden bei Small-Talk und Finger Food etwas ruhiger zugeht und in den letzten beiden Stunden ordentlich „Gas gegeben" wird. Die musikalische Bandbreite sollte so sein, dass für jeden etwas dabei ist: Von der Volontärin bis zum Chefredakteur sollten sich alle musikalisch angesprochen fühlen. Das ist nicht leicht zu koordinieren. Deshalb sollten Sie besondere Sorgfalt bei der Auswahl des DJs an den Tag legen. Auch wenn zum Schluss der Party sich nur noch die Volontäre auf der Tanzfläche tummeln sollten. Grämen Sie sich nicht: Die Volontäre von heute sind die Chefredakteure von morgen.

4.4 Öfter mal was Neues oder Was man von den Großen lernen kann

Neue Märkte, neue Produkte, neue Dienstleistungen und neue Medien erfordern auch immer wieder neue Ansätze in der Öffentlichkeitsarbeit. In diesem Gliederungspunkt wollen wir Ihnen den Rücken stärken – nach dem Motto: Nachahmung ist die höchste Form der Verehrung. Lassen Sie sich mit den Beispielen zu eigenen kreativen PR-Aktionen anregen. (Vgl. auch Übung 7, S. 87)

Ein medienerfahrener Unternehmer erfindet sich bzw. sein Unternehmen immer wieder neu. Bestes Beispiel: Die Firma Sixt. Hier sind im allgemeinen Werbekampagnen und Öffentlichkeitsarbeit optimal miteinander verzahnt. Getreu dem Wahlspruch des Vorstandsvorsitzenden Erich Sixt: *„Wirtschaft kann man nicht an der Hochschule erlernen, Wirtschaft kann man nur praktizieren."*

Genauso hält es der Vollblutunternehmer mit der Öffentlichkeitsarbeit. Eine Zeit lang ließ er alle seine Wagen in Siegen zu, um an allen Miet- und Unternehmensfahrzeugen der *Sixt-Gruppe* das PR-trächtige Autokennzeichen *Sixt* präsentieren zu können. Unzählige Artikel in Printmedien von Augsburg bis Zittau waren der Erfolg. Oder die von der Hamburger Werbeagentur *Jung-von-Matt* ersonnene Anzeigenkampagne mit Angela Merkel („Lust auf eine neue Frisur? – Mieten Sie sich ein Cabrio!"): Mit diesen „haarsträubenden" Fotos der CDU-Vorsitzenden, über die kurze Zeit später ganz Deutschland lachen sollte, ging *Sixt* ganz bewusst ein großes Risiko ein. Ein Prozess war mehr als wahrscheinlich und wie die eher seriösen Mietwagenfahrer die ganze Sache aufnehmen würden, war auch nicht abzuschätzen. Es kam, wie es nicht unbedingt kommen musste: Die Anzeigen in der *Süddeutschen Zeitung* und im *Focus* kosteten knapp 100.000 Euro und „verzinsten" sich mit rund 3 Millionen Euro. Wie das? So viel hätten die Schaltkosten für Spots, Banner bzw. Anzeigen in Hörfunk, Internet, Fernsehen und Printmedien betragen, wenn man die aus dieser Kampagne resultierenden Berichte und Artikel in den genannten Medien zu handelsüblichen Preisen hätte buchen müssen. Unzweifelhaft einer der größten Mediencoups, den es in Deutschland je gab. Ach ja, Frau Sixt holte Frau Merkel wenig später wirklich im Cabrio ab und kurvte mit ihr, verfolgt von der ganzen „Berliner Journaille", durch die Hauptstadt. Ein weiterer sagenhafter PR-Erfolg.

Oder der größte Internet-Provider der Welt: *AOL*. Was machte die Firma? Sie ließ die Titelseite einer Samstagsausgabe *Die Welt* im „Unternehmensblau" einfärben und hatte Erfolg. Nicht nur, dass alle anderen Medien über die außergewöhnliche Farbgebung und den dahinter stehenden Auftraggeber berichteten, nein, selbst die Zahl der verkauften Welt-Exemplare stieg an diesem Tag um 10 Prozent. Auch das Umtaufen des Hamburger Volksparkstadions in *AOL-Arena* hatte zumindest für Deutschland Premierencharakter und war deshalb in den meisten Medien Tagesthema.

Sie können sich auch an eine alte PR-Maxime von Robert Schwan, dem früheren Manager des FC Bayern München und langjährigen Berater von Franz Beckenbauer halten, der sinngemäß einmal sagte: Wichtig ist nicht, was über ihre Firma in der Zeitung steht, sondern dass ihre Firma in der Zeitung steht. Oder wie bemerkt der erfolgreiche Musikproduzent Frank Farian gern: *„Besser kritisiert als ignoriert."* Denn beide wussten schon in relativ jungen Jahren, dass öffentliche Kritik und Aufregung die Kommunikationswirkung nachhaltig vergrößern. Man sollte es aber mit der Negativ-PR nicht übertreiben. Schließlich wollen Sie ja mit Ihrem Unternehmen nicht nur bekannt werden, sondern auch etwas verkaufen.

Ein weiterer Vorschlag: Buchen Sie, wenn Sie es sich leisten können, anlässlich Ihrer Firmeneröffnung die gesamten Werbeblöcke eines Tages bei Ihrer lokalen Rundfunkanstalt oder Ihrem örtlichen Fernsehsender. Sie müssen diesen Werbecoup nur rechtzeitig kommunizieren, damit auch die für Sie wichtigen Printmedien genügend Zeit haben, um über diese außergewöhnliche Werbegeschichte ausführlich zu berichten. *Sony Deutschland* hat übrigens eine ähnliche Aktion mit großem PR-Erfolg beim bundesweiten Nachrichtensender *n-tv* durchgeführt.

Aber es müssen nicht immer die großen PR-Geschichten sein, die nachhaltigen Eindruck bei Kunden und Medien erzielen. Verschenken Sie zum Beispiel nie die jährlich wiederkehrende Chance, Ihrem Weihnachtsgeschenk ganz gezielt „Ihren Stempel aufzudrücken". Natürlich wird man sich über eine Flasche Champagner freuen, sich aber beim Genuss derselben vielleicht schon nicht einmal mehr an den edlen Spender erinnern können. Versuchen Sie es doch einmal anders, verbinden Sie Ihr Unternehmen untrennbar mit Ihrem Geschenk: Warum sollte ein Bauunternehmer Wein verschenken, wenn ein Bausatz für ein Miniaturtraumhaus, vom Beschenkten selbst zusammenzubasteln, doch so viel besser zur Branche passt? Und warum sollten Sie diese hervorragende Gelegenheit, sowohl Medienvertretern als auch Kunden mal wieder en passant von Ihrer Arbeit zu berichten, versäumen?

Eine andere Möglichkeit: Anlässlich eines Firmenjubiläums oder eines ähnlich erfreulichen Ereignisses eine CD bzw. CD-ROM mit Informationstexten, einer kleinen persönlichen Rede, vielleicht aufgelockert durch adäquate Musik, für die Medienvertreterinnen und -vertreter herstellen zu lassen. Zu teuer?! Keine Angst; heutzutage ist es möglich, auch Klein- und Kleinstauflagen der silbernen Scheiben zu einem vernünftigen Preis produzieren zu lassen. Wobei eine CD oder CD-ROM nicht zwangsläufig rund und monochrom sein muss. Sie können diese auch so fertigen lassen, dass die Silhouette Ihrem Firmengebäude oder Ihrem wichtigsten Produkt nicht nur in der Form, sondern auch in der Farbe ähnelt.

Abspielbar in handelsüblichen CD-Playern und CD-ROM-Laufwerken sollten diese PR-Produkte aber schon noch sein, sonst ergeht es Ihnen wie dem Autogiganten Chrysler. Dessen Pressestelle ließ zur Einstimmung auf die Internationale Automobilausstellung 2001 in Frankfurt am Main eine kleine Ansprache vom Vorstandsvorsitzenden Dieter Zetsche sowie 15 Minuten Musik auf eine CD pressen und verschickte das PR-Präsent an ausgewählte Redaktionen in ganz Deutschland. Der in geographischer Optik den Vereinigten Staaten von Amerika bzw. einem Dieselmotor nachempfundene Silberling konnte zwar abgespielt werden, sorgte aber bei Auto-CD-Playern, CD-Wechslern und Computer-Laufwerken für nachhaltige Schluckbeschwerden. Die CD wurde zum großen Entsetzen der Beschenkten nicht wieder ausgeworfen. Das musste auch die Chrysler-Pressestelle im schmerzhaften Selbstversuch feststellen, leider erst, nachdem sehr erboste Journalisten auf dieses Manko hingewiesen hatten. Wer den Schaden hat, braucht für den Spott nicht zu sorgen, heißt es im Volksmund und so schrieb *Auto-Bild* am 14.9.2001 unter der Überschrift *„Peinliche Panne"* ausführlich über diesen PR-Unfall.

„Wenn wir keine Fehler machen, heißt das, dass wir nicht genug neue Dinge ausprobiert haben.", stellte Phil Knight, Gründer von *Nike*, bei einer Medienkonferenz klar. Diese Aussage gilt allerdings nur in sehr abgeschwächter Form für die Öffentlichkeitsarbeit. Und vergessen Sie eines dabei nicht: Blinder Aktionismus erzeugt in aller Regel nur Quantität, keine Qualität. Daher sollten Sie im Vorfeld jeder Maßnahme sehr genau prüfen, ob diese in Ihr PR-Konzept passt oder nicht. Sollten Sie dabei feststellen, dass Sie überhaupt kein solches Konzept Ihr eigen nennen, dürfen wir Ihnen nochmals das Kapitel 4 *Öffentlichkeitsarbeit – die Umsetzung* wärmstens ans Herz legen.

4.5 PR in der Krise – die hohe Schule der Öffentlichkeitsarbeit

Vielleicht wundern Sie sich jetzt und fragen sich insgeheim, warum dieses so wichtige Thema erst ganz zum Schluss angesprochen wird. Nun, wie Sie bereits in der Überschrift lesen konnten, ist Krisen-PR die „Hohe Schule" und deshalb sollten Sie schon ein bisschen Erfahrung in Sachen Öffentlichkeitsarbeit gesammelt haben, zumindest theoretisch, bevor man sich mit dieser, manchmal doch sehr schwierigen, Thematik beschäftigt. Aber keine Angst, der Krisenfall stellt nach wie vor die Ausnahme dar. Und wenn sie dann doch eintreten sollte, die „Firmenkommunikationskatastrophe", dann gilt auch hier wie fast überall: Frisch gewagt ist halb gewonnen!

Mit Auseinandersetzungen und Konflikten, die sich sehr schnell zu Image- und Kommunikationskrisen auswachsen können, müssen in unserer mediengläubigen Zeit sowohl Existenzgründer als auch wohlsituierte Firmeninhaber rechnen. Aber wie heißt es so treffend: Was ein Unternehmen nicht in den Konkurs bringt, macht es nur markttauglicher. Oder mit PR-Expertin Beate Sohl gesprochen: *„Gestern Krise, heute Chance."*

Woran erkennt man einen guten PR-Katastrophen-Manager? Ganz einfach, er lässt sich auch in Krisenzeiten nicht unter unnötigen Termindruck setzen. Er behält selbst dann noch den Überblick, wenn schon ein Kamerateam des Lokalsenders vor der Tür steht, der Chefredakteur der Heimatzeitung telefonisch um ein Exklusivinterview bittet und der Fotoreporter des regionalen „Revolverblatts" sich bereits verbal mit der Chefsekretärin in den Haaren liegt, weil er partout ein Bild vom Chef machen will.

Aber dieses kurzfristige Zuspitzen einer Krisensituation ist eher die Ausnahme. Vielmehr kündigt jede Unternehmenskrise ihr Kommen mit den fast immer gleichen Vorzeichen an:

Krisensignale (nach Kahn)
- Der zeitliche Druck *(auf alle Beteiligten, intern und extern)* wächst,
- die Ereignisse laufen *(in die gleiche negative Richtung)* zusammen,
- die Informationen *(auf allen Entscheidungs- und Kommunikationsebenen)* gehen zurück,
- die Vermutungen *(unter der Belegschaft und den Medienvertretern)* nehmen zu,
- die Ungewissheit *(bei allen Beteiligten)* wächst,

- die Kontrolle geht zurück *(und ein Kommunikations- und Führungsvakuum entsteht)*,
- die Entscheidungsfinder befinden sich in Stresssituationen,
- alle Entscheidungs- und Verhandlungsbeziehungen wandeln sich.

Nehmen Sie diese Anzeichen ernst. Vielleicht gelingt es Ihnen ja, die drohende Unternehmenskrise noch im Keim zu ersticken. Hüten Sie sich jedoch vor detaillierten Krisenplänen, die vor Eintritt eines Kommunikationsnotfalles „ins Blaue hinein" entwickelt wurden. Erstens lässt sich eine Krise nicht planen und zweitens ist jede Krise anders. Gleichwohl macht es Sinn, sich für Krisen zu wappnen nach dem Motto: *„Vorbeugen ist besser als heilen."*

Nachfolgend eine, keinen Anspruch auf Vollständigkeit erhebende, Auflistung von Schlagwörtern, die Sie beim erfolgreichen Krisenmanagement nicht außer Acht lassen sollten. Sofern Sie sich mit der gesamten Krisenproblematik überfordert fühlen, scheuen Sie sich bitte nicht, externen Rat von einem erfahrenen, mit solchen Situationen vertrauten, PR-Manager einzuholen. Leider gilt auch hier häufig: Guter Rat ist teuer!

Krisenmanagement und seine Leistungsbereiche (frei nach Matschke/Leipziger)
- Ermittlung der Krisenpotenziale
- Untersuchung des vorhandenen PR- und Kommunikationspotenzials
- Unterstützung von außen bei der Neuausrichtung der PR-Strategie
- Beratung von außen bei Aufbau/Besetzung der Kommunikationsabteilung
- Krisenanlässe
- Krisenentwicklungen
- Vorbeugung
- Alarmplan
- Krisenkommunikation
- Krisenabwehr
- Verlorenes Vertrauen zurückgewinnen

Wenn die Krise, trotz aller Vorfeld- und Kommunikationsabwehrstrategien, dann doch eingetreten ist, sollte uneingeschränkt gelten: *„Auf jedem Schiff, das dampft oder segelt, gibt es einen, der die Sache regelt."* So spricht der Volksmund und hat recht: In Krisenzeiten gehört der Kapitän, auch Chef genannt, auf die PR-Kommandobrücke. Denn wenn das Firmenimage, das Betriebsklima oder das Renommee der hauseigenen Produkte bzw. Dienstleistungen auf dem Spiel stehen, ist Entscheidungskompetenz vor Kameras und Mikrophonen gefragt. Dabei sollten Sie

Folgendes beherzigen: Immer mit den Tatsachen herausrücken, selbst wenn es sich um schlechte Nachrichten handelt. Nie „mauern", denn wenn die Medienvertreter die Fakten von anderen erfahren, ist Ihre Reputation dahin. Meistens endgültig.

Was man in PR-Krisenzeiten tunlichst beherzigen sollte, haben wir anschaulich in folgendem Katalog zusammengefasst:

Die drei Stufen des Krisen-PR-Erfolgs

Stufe 1: Zuhören statt reden
Bevor Sie sich um Kopf und Kragen „talken", verschaffen Sie sich unter allen Umständen erst mal einen Überblick, welche Befürchtungen, Ängste und Missverständnisse unter den Medienvertretern bzw. den Betroffenen kursieren.

Stufe 2: Ehrlichkeit statt Überheblichkeit
Wer in einer solchen Situation arrogant und überheblich den Medien entgegentritt, hat meistens bereits verloren, noch bevor er den ersten Satz zum Thema verlauten lässt. Bescheidenheit ist hier erste Unternehmerpflicht.

Stufe 3: Aufdecken statt Verstecken
Sprechen Sie klar und offen. Versuchen Sie erst gar nicht, sich hinter juristischen Wortklaubereien, Fremdwörtern und Fachchinesisch zu verstecken. Ein guter Journalist durchschaut diese verbalen Manöver sowieso sehr schnell.

Der berühmte Ausspruch von Andy Warhol *„In Zukunft wird jeder für fünfzehn Minuten berühmt sein."* gilt in unserer mediendominierten Zeit auch für Firmen – leider meistens in negativer Hinsicht. Vielfach geraten Unternehmen durch sorglos recherchierte Anschuldigungen in die Schlagzeilen und den Fokus der interessierten Öffentlichkeit; völlig gleichgültig, ob die Vorwürfe sachlich richtig erscheinen oder schlichtweg falsch sind. Durch Aussitzen, Ignorieren oder Nichtstun werden Sie so ein Kommunikationsproblem leider nicht aus der Welt schaffen können. Denn vergessen Sie niemals: Bei den meisten Krisenfällen steht das Image Ihres Unternehmens, häufig sogar verquickt mit Ihrem eigenem Ansehen, auf dem Spiel. Image ist immer auch Marktmacht: Keine nachhaltige Markenbildung ohne positives Image, keine guten Mitarbeiter ohne gutes Image, keine Umsatzsteigerungen ohne Imagezuwachs und so weiter und so fort.

Deshalb lassen Sie sich bitte Ihr Image und damit letztendlich auch Ihre Marktchancen von nichts und niemandem beschädigen. Kämpfen Sie an der Informationsfront für Ihren guten Namen. Seien Sie charmant, offen, schlagfertig und prägnant in Ihren medienwirksamen Aussagen.

Vergessen Sie dabei unter keinen Umständen: Ein guter Journalist kann, je nachdem, mit seiner Medienmacht die klaffende Imagewunde schließen oder noch zusätzlich ätzendes „Kommentar-Salz" in die selbige streuen. Deshalb: Beschreibungen sind in den meisten Kriseninterviews besser als abschließende Bewertungen eines Vorfalls. Bei Zahlen, Messwerten etc. sind Bandbreiten besser als exakte Festlegungen. Oder wie drückt es Wolfgang Reineke im *Taschenbuch Öffentlichkeitsarbeit* so schön aus: *„Sehr oft sind bei vermuteten Krisen erst die falschen Angaben bei der Beantwortung dieser Vermutung zu wirklichen Krisen geworden."*

ⓧ Praxisbeispiel

Am Tag der Eröffnung seiner ersten Filiale schlug Metzgermeister Döllinger voller Begeisterung die Lokalzeitung auf. Er wollte nur kurz prüfen, ob die in Auftrag gegebene Neueröffnungsanzeige auch wie vereinbart abgedruckt worden war. Er hatte die vergangenen Tage und Nächte fast rund um die Uhr gearbeitet und deshalb auch keine Zeit gefunden Nachrichten zu hören, geschweige denn, welche zu sehen. Er traute deshalb seinen Augen kaum, als er die Schlagzeile sah. In dicken Lettern stand dort geschrieben: *„Erster BSE-Fall in Bayern – Verbraucher geschockt."*
Was nun? Nach einer kurzen Demoralisierungsphase begriff Döllinger, dass durch diese Situation seine gesamte berufliche und private Existenz auf dem Spiel stand. Er hatte für den Umbau und die Einrichtung der neuen Filiale eine hohe Hypothek auf sein Haus aufgenommen, bereits einen weiteren Metzger und zwei zusätzliche Verkäuferinnen eingestellt und für mehrere tausend Euro Anzeigen in den örtlichen Anzeigenblättern in Auftrag gegeben sowie hochwertige Handzettel drucken lassen. Sogar zu einer eigenen Homepage hatte ihn sein Sohn überreden können. Sollte das alles vergeblich gewesen sein? Döllinger nahm seinen Fotoapparat und fuhr sofort zu seinen langjährigen Viehlieferanten, alles noch alteingesessene Bauern aus dem Münchner und Dachauer Hinterland. Bereitwillig stellten sich diese vor ihren glücklichen Kühen in Positur. Gemeinsam mit den Landwirten verfasste er einen offenen Brief, worin diese glaubhaft versicherten, keine der inkriminierten Futterzusätze zu verwenden. Während der Heimfahrt rief er über Autotelefon den ihm gut bekannten Journalisten Franz K. an, ein zufriedener Kunde seit Jahren übrigens (Döllinger hatte mehrmals beim alljährlichen Redak-

tionsfest kostenlos gegrillt und das Fleisch nur zum Selbstkostenpreis berechnet.), und schilderte ihm seine Existenznot. Döllinger kam Franz K. wie gerufen, denn das Thema BSE würde in den nächsten Wochen im wahrsten Sinne des Wortes in aller Munde sein, und er war vom Chefredakteur „Lokales" darauf angesetzt worden. Schon am übernächsten Tag war ein ausführliches Interview mit dem gewieften Metzgermeister und seiner „Fleischgarantie" im Lokalteil zu lesen und die auf Postergröße gezoomten Fotos, einschließlich des auf DIN A3 vergrößerten offenen Briefes, hingen publikumswirksam im Stammhaus und der Filiale. Sie sehen, wo ein Wille, da ein PR-Weg – auch in der Krise.

4.6 PR – die Übung

Übung 1

Skizzieren Sie die kurz-, mittel- und langfristigen Ziele Ihrer Öffentlichkeitsarbeit:

_____
_____
_____
_____
_____
_____
_____

Übung 2

Definieren Sie kurz die werberelevanten Zielgruppen und bestimmen Sie anschließend ausführlich die für Ihre Medienarbeit bedeutenden Zielpersonen:

_____
_____
_____
_____
_____
_____
_____

Übung 3

Ergänzen Sie die nachfolgende Liste von möglichen Anlässen für Ihre Medienarbeit:
- Firmenaufträge mit öffentlicher Bedeutung
- Umzug in ein neues Gebäude (Expansion)
- Aufnahme neuer Produkte (Innovationen oder Extension)
- Schaffung neuer Arbeitsplätze
- Personelle Änderungen
- Messen, Ausstellungen, Events
- Besondere soziale Leistungen für Mitarbeiter oder Sponsoring von Verbänden, Vereinen ...
- Auszeichnungen, Zertifizierungen
- _____

_____
_____
_____
_____
_____
_____

Übung 4

Stellen Sie fest, welche grundsätzlichen, positiven Unternehmenswerte kommuniziert werden können:

_____
_____
_____
_____
_____
_____

Übung 5

Notieren Sie hier alle für Sie in Frage kommenden Medien. Regional und auch überregional! Haben Sie, Mitarbeiter oder Freunde und Bekannte zu Medienvertretern Kontakt – nutzen Sie diesen!

_____
_____
_____
_____
_____

Übung 6

Ergänzen Sie die einzelnen Punkte der Checkliste „*Wie hoch ist der Newswert Ihrer Medienmitteilung?*" (vgl. S. 63) hier nachfolgend:

_____
_____
_____
_____
_____
_____

Übung 7

Seien Sie jetzt kreativ. Notieren Sie neue Ideen zur Ansprache der Öffentlichkeit:

_____
_____
_____
_____
_____
_____

Übung 8

Unternehmensdarstellung kurz und bündig:

Lesen Sie zunächst das folgende Beispiel:

> **Beispiel:**
>
> ### Kompetenz-Zentrum für
> ### Kapital ♦ Immobilien ♦ Finanzierungen
> ### Die Baumgärtner & Duscher GmbH
>
> Seit 1992 gibt es in Ostbayern einen kompetenten Partner in Sachen Immobilien und Finanzdienstleistungen, der Ihnen zuverlässig und konsequent hilft, Ihre auch anspruchsvollsten Ziele zu realisieren: Die Baumgärtner & Duscher GmbH mit Sitz in einem idyllisch gelegenen Büropark, fast noch in Sichtweite der ebenfalls ortsansässigen Global Player BMW und Caterpillar.
>
> Inzwischen beträgt das vermittelte jährliche Kapital durchschnittlich mehr als 20 Millionen Euro und zeigt deutlich, dass man nunmehr Marktführer im lokalen Immobilien- und Kapitalanlagegeschäft geworden ist. Ein Ergebnis strikter Kundenorientierung, unterstützt durch modernste Finanzierungs- und Beratungssoftware. Kein Wunder also, dass die Baumgärtner & Duscher GmbH 1999 als erstes Finanzdienstleistungsunternehmen in Bayern nach DIN EN ISO 9002 zertifiziert wurde und sich gewissermaßen mit Brief und Siegel der optimalen Kunden- und Mitarbeiterbetreuung verschrieben hat. Auf Wunsch wird für jeden Kunden ein spezielles, so genanntes „Beratungsprofil" gemeinsam entwickelt, das hilft, Wünsche und Bedürfnisse der einzelnen Mandanten genau kennen zu lernen und anschließend zielsicher umzusetzen.
>
> Professionelle Lösungen in allen Leistungsbereichen, dazu gehört selbstverständlich auch die zielführende Vermarktung von Bau- bzw. Gewerbegebieten, und persönlicher Service durch fachkundige, seriöse Kundenberater wird dabei groß geschrieben. Dafür stehen die beiden Firmengründer Maximilian Baumgärtner und Heiner Duscher mit ihrem guten Namen.
>
> Im Juli 2000 wurde gemeinsam mit den beiden Finanzspezialisten Gerhard Meier und Günter Roidl die R & M Invest GmbH & Co.KG „aus der Taufe gehoben". Schon die symbolträchtige Adresse Bahnhofstrasse (wer kennt sie nicht, die berühmte Bankenmeile in Zürich?) belegt eindeutig, in welcher Richtung dieses Unternehmen erfolgreich agiert: Optimaler Vermögensaufbau, gepaart mit perfekter Vermögensverwaltung, heißt die Devise! Oder anders formuliert: Für jeden Kunden das richtige Produkt und die passende Anlagestrategie.
>
> Möchten Sie noch mehr über uns wissen? Wir freuen uns auf Sie!
>
> ### Baumgärtner & Duscher GmbH
> ### Immobilien ♦ Kapitalanlagen ♦ Finanzierungen

Formulieren Sie analog einen Imagetext über Ihr Unternehmen:

5 Schlusswort

„Mittlerweile zeigt sich im Internet mit besonderer Klarheit, was im klassischen Mediengeschäft nur vermutet werden darf: Die Bedeutung guter Inhalte und die frappierende Erfolglosigkeit von schlechter Werbung. Die technische Struktur des www gestattet es den Medienschaffenden mit zuvor unbekannter Genauigkeit festzustellen, wann welche Inhalte wie häufig abgerufen werden, und es zeigt mit der nüchternen Präzision moderner Computertechnik, wie viele Nutzer ein Angebot schätzen und wie viele Kunden mit einer Online-Kampagne erreicht werden."

Lassen Sie sich diese eindringlichen Worte von Patrick Illinger, veröffentlicht in einer Beilage der *Süddeutschen Zeitung* anlässlich der Medientage 2000, ruhig mehrmals auf der Zunge zergehen und nutzen Sie die Essenz dieser Aussagen ganz gezielt für Ihre Öffentlichkeitsarbeit. Und vergessen Sie dabei nicht die drei einzigartigen Vorteile dieses globalen Computernetzes: Interaktivität, Raum und Zeit. Diese werden dem Internet bis allerspätestens 2010 auf der ganzen Welt einen festen Platz neben den herkömmlichen Medien Print, Hörfunk, TV und Film verschaffen. Verlassen Sie sich darauf.

Eines wird sich jedoch nie ändern: Menschen interessieren sich für Menschen. Deshalb sollten Sie mit Ihrer Öffentlichkeitsarbeit alles daran setzen, dass Sie nicht nur das Hirn, sondern in erster Linie das Herz Ihrer Kunden erreichen. Denn PR-Kampagnen, die ins Herz gehen, öffnen nicht nur selbiges, sondern in aller Regel auch den dazugehörigen Geldbeutel.

Wir hoffen sehr, liebe Leserin, lieber Leser, dass wir Ihnen mit unserem *Schnellkurs Öffentlichkeitsarbeit* in diesem Sinn mehr als nur interessante Anregungen und Einblicke in zeitgemäße Formen der Public Relations gegeben haben.

LET'S DO IT.

Anhang 1 – Ethik in der Öffentlichkeitsarbeit

PR darf vieles – aber nicht alles. Sie sollten deshalb bei der Umsetzung Ihrer PR-Ziele darauf achten, dass die international gültigen Standards für Öffentlichkeitsarbeit von allen am PR-Geschehen Beteiligten (Sie selbst, Ihr PR-Berater oder Ihre PR-Agentur, Ihre Mitarbeiter etc.) weitestgehend respektiert werden. Relevant sind hier der Code d' Athene sowie der Code de Lisbonne, die beide von der Deutschen Public Relations Gesellschaft e.V. (DPRG) übernommen wurden.

Code d'Athene (Internationale ethische Richtlinien für die Öffentlichkeitsarbeit, übernommen von der DPRG am 31.8.1965):
Angesichts der Tatsache, dass alle Mitgliedstaaten der Vereinten Nationen deren Charta respektieren, die den *„Glauben an die Menschenrechte und an die Würde und den Wert der menschlichen Person"* proklamiert, und dass die PR-Fachleute deshalb, wie auch aus den natürlichen Bedingungen ihres Berufs heraus, diese Charta kennen und die Grundsätze beherrschen sollten;

- angesichts der Tatsache, dass der Mensch neben seinen Rechten Bedürfnisse nicht nur physischer oder materieller Art, sondern auch geistiger, moralischer oder sozialer Art hat, und dass der Mensch diese Rechte nur in dem Ausmaß auch ausüben kann, in dem diese Bedürfnisse erfüllt werden;
- angesichts der Tatsache, dass die auf dem Gebiet der Öffentlichkeitsarbeit tätigen Personen weitgehend dazu beitragen können, die geistigen, moralischen und sozialen Grundbedürfnisse des Menschen zu befriedigen;
- eingedenk schließlich des Umstandes, dass die Benutzung der Kommunikationsmittel, die den gleichzeitigen Kontakt mit Millionen Einzelmenschen möglich machen, den PR-Fachleuten ein Machtmittel in die Hand gibt, dessen Anwendung aus ethischen Gründen einer wirksamen Einschränkung unterliegen muss,

erklären die unterzeichneten PR-Organisationen, dass sie sich den nachstehenden Codex zur Richtschnur machen und dass jede Übertretung seitens eines ihrer Mitglieder im Rahmen der Berufsausübung, soweit dem Rat Beweise vorgelegt werden können, als grober Verstoß betrachtet wird, der eine entsprechende Ahndung nach sich zieht.

Deshalb sollte jedes Mitglied dieser Verbände

1. zur Verwirklichung dieser geistigen und moralischen Grundbedingungen beitragen, die es dem Menschen erlauben, seine unveräußerlichen Rechte auszuüben, die ihm durch die weltweite *Erklärung der Menschenrechte* zugesichert sind;

2. die Schaffung von Kommunikationsformen und -mitteln fördern, die es durch Ermöglichung des freien Informationsflusses dem Einzelnen erlauben, sich unterrichtet, angesprochen und mitverantwortlich zu fühlen;

3. sich bei den jeweils angegebenen Umständen so verhalten, dass es das Vertrauen all derer erwirbt, mit denen es in Kontakt kommt;

4. sich der Tatsache bewusst sein, dass die enge Verbindung zur Öffentlichkeit in diesem Beruf es mit sich bringt, dass nach seinem Verhalten auf den ganzen Berufsstand geschlossen wird;

5. in der Ausübung seines Berufes die allgemeine *Erklärung der Menschenrechte* respektieren;

6. die individuelle Würde der Person und das Recht der eigenständigen Meinungsbildung achten;

7. die geistigen und psychologischen Voraussetzungen für einen echten Meinungsaustausch schaffen und den Partnern die Möglichkeit geben, ihren Standpunkt zu vertreten;

8. in jedem Fall so handeln, dass den Interessen beider Seiten – des Auftraggebers und der angesprochenen Öffentlichkeit – Rechnung getragen wird;

9. seinen Versprechungen und Verpflichtungen nachkommen, die unzweideutig festgelegt werden müssen, und bei jeder Gelegenheit loyal und ehrenhaft zu handeln, um das Vertrauen der Auftraggeber, auch des jeweiligen Publikums zu bewahren.

Dagegen sollte jedes Mitglied dieser Verbände es unterlassen,

10. die Wahrheit anderen Ansprüchen unterzuordnen;

11. Informationen aus unkontrollierten oder unkontrollierbaren Quellen zu verbreiten;

12. sich für Aktionen oder Vorhaben herzugeben, die gegen die Moral verstoßen, die Menschenwürde verletzen oder in den Bereich der Persönlichkeit eingreifen;

13. irgendwelche Methoden oder Mittel anzuwenden, mit deren Hilfe unbewusste Antriebe manipuliert oder hervorgerufen werden können, wodurch der Einzelne seiner Urteilsfähigkeit und der Verantwortlichkeit für sein Handeln beraubt werden könnte.

Code de Lisbonne
Europäischer Kodex der Verhaltensgrundsätze in der Öffentlichkeitsarbeit (Kodex von Lissabon), beschlossen am 3. November 1989 und von der DPRG am 11. Mai 1991 übernommen.

Teil I: Kriterien für Personen, die diesem Kodex unterstehen
Artikel 1. Alle Mitglieder der DPRG, die gemäß der Statuten der Gesellschaft aufgenommen wurden, gelten als Public-Relations-Fachleute im Sinne dieses Kodex. Sie haben die im Kodex enthaltenen Verhaltensgrundsätze zu befolgen.

Teil II: Allgemeine berufliche Verhaltensregeln
Artikel 2. In der Ausübung ihres Berufes respektieren die Public-Relations-Fachleute die Grundsätze der *Allgemeinen Erklärung der Menschenrechte*, insbesondere die Grundsätze *„Freiheit der Meinungsäußerung"* und *„Unabhängigkeit der Medien"*, welche auch das Recht des Individuums verletzen würden.

Artikel 3. In der Ausübung ihres Berufes beweisen die Public-Relations-Fachleute Aufrichtigkeit, moralische Integrität und Loyalität. Insbesondere dürfen sie keine Äußerungen und Informationen verwenden, die nach ihrem Wissen oder Erachten falsch oder irreführend sind. Im gleichen Sinn müssen sie vermeiden, dass sie – wenn auch unbeabsichtigt – Praktiken oder Mittel gebrauchen, die mit diesem Kodex unvereinbar sind.

Artikel 4. Public-Relations-Aktivitäten müssen offen durchgeführt werden. Sie müssen leicht als solche erkennbar sein, eine klare Quellenbezeichnung tragen und dürfen Dritte nicht irreführen.

Artikel 5. In ihren Beziehungen zu anderen Berufsständen und zu anderen Bereichen der sozialen Kommunikation respektieren Public-Relations-Fachleute die dort geltenden Regeln und Praktiken, sofern diese mit den ethischen Grundsätzen ihres eigenen Berufsstandes vereinbar sind.

Public-Relations-Fachleute respektieren die nationalen Berufskodizes und die geltenden Gesetze in allen Ländern, in denen sie tätig sind. Public-Relations-Fachleute sind zurückhaltend in ihrer Eigenwerbung.

Teil III: Spezifische Verhaltensnormen gegenüber Auftrag- oder Arbeitgebern

Artikel 6. Public-Relations-Fachleute dürfen ohne ausdrückliche Zustimmung der betroffenen Auftrag- oder Arbeitgeber keine sich widersprechenden oder miteinander konkurrierenden Interessen vertreten.

Artikel 7. Bei der Ausübung ihres Berufes bewahren Public-Relations-Fachleute absolute Diskretion. Sie respektieren gewissenhaft das Berufsgeheimnis und geben insbesondere keine vertraulichen Informationen weiter, die sie von früheren, gegenwärtigen oder potentiellen Auftrag- oder Arbeitgebern erhalten haben. Die Weitergabe solcher Informationen ist nur mit ausdrücklicher Zustimmung der betreffenden Auftrag- oder Arbeitgeber zulässig.

Artikel 8. Vertreten Public-Relations-Fachleute Interessen, die denjenigen ihres Auftrag- oder Arbeitgebers zuwiderlaufen könnten, so müssen sie ihn zum frühest möglichen Zeitpunkt darüber unterrichten.

Artikel 9. Public-Relations-Fachleute dürfen ihrem Auftrag- oder Arbeitgeber die Dienste einer Gesellschaft oder Organisation, an der sie ein finanzielles, geschäftliches oder anderes Interesse haben, nur dann empfehlen, wenn sie diese Interessen vorher offen gelegt haben.

Artikel 10. Public-Relations-Fachleute dürfen keine vertraglichen Vereinbarungen eingehen, in denen sie ihrem Auftrag- oder Arbeitgeber messbare Erfolgsgarantien abgeben.

Artikel 11. Public-Relations-Fachleute dürfen die Vergütung für ihre Dienstleistungen nur in Form eines Honorars oder Gehalts entgegennehmen. Sie dürfen auf keinen Fall eine Bezahlung oder eine sonstige Gegenleistung akzeptieren, deren Höhe sich nach dem messbaren Erfolg der erbrachten Dienstleistung richtet.

Artikel 12. In der Ausführung von Dienstleistungen dürfen Public-Relations-Fachleute ohne die Zustimmung des jeweiligen Auftrag- oder Arbeitgebers kein Entgelt wie Rabatte, Provisionen oder Sachleistungen von Dritten entgegennehmen.

Artikel 13. Falls die Ausführung eines Public-Relations-Mandates nach aller Voraussicht ein gravierendes Fehlverhalten und eine den Grundsätzen dieses Kodex widersprechende Vorgehensweise bedingen würde, müssen Public-Relations-Fachleute ihren Auftrag- oder Arbeitgeber unverzüglich unterrichten und ihn mit allen gebührenden Mitteln zu einer Respektierung der Grundsätze im Kodex veranlassen. Selbst wenn der Auftrag- oder Arbeitgeber weiter an seinem Vorsatz festhält, sind Public-Relations-Fachleute verpflichtet, gemäß dem Kodex zu handeln.

Gegenüber der öffentlichen Meinung und den Informationsmedien

Artikel 14. Die in diesem Kodex – insbesondere in den Artikeln 2, 3, 4 und 5 – festgehaltene Geisteshaltung beinhaltet die ständige Respektierung des Rechts auf Information durch die Public-Relations-Fachleute sowie die Pflicht zur Bereitstellung von Informationen, soweit es die Wahrung des Berufsgeheimnisses zulässt. Sie umfasst ferner die Respektierung der Rechte und der Unabhängigkeit der Informationsmedien.

Artikel 15. Jeder Versuch, die Öffentlichkeit oder ihre Repräsentanten zu täuschen, ist nicht zulässig.
Informationen müssen unentgeltlich und ohne irgendeine verdeckte Belohnung zur Verwendung oder Veröffentlichung bereitgestellt werden.

Artikel 16. Falls es unter Beachtung der Grundsätze in diesem Kodex erforderlich sein sollte, zur Wahrung der Initiative oder Kontrolle über die Verbreitung von Informationen Anzeigenraum oder Sendezeiten zu kaufen, können dies Public-Relations-Fachleute in Übereinstimmung mit den jeweiligen geltenden Regeln, Praktiken und Gepflogenheiten tun.

Gegenüber Berufskollegen

Artikel 17. Public-Relations-Fachleute haben jeden unlauteren Wettbewerb mit Berufskollegen zu unterlassen. Unter Vorbehalt der in Artikel 19 enthaltenen Verpflichtungen haben sie sich jeder Handlung oder Äußerung zu enthalten, die dem Ansehen oder der Arbeit eines Berufskollegen schaden könnte.

Gegenüber dem Berufsstand

Artikel 18. Public-Relations-Fachleute haben sich jeder Verhaltensweise zu enthalten, die dem Ansehen ihres Berufsstandes schaden könnte. Insbesondere dürfen sie der Deutschen Public Relations Gesellschaft, ihrer Arbeit und ihrem Ansehen keinen Schaden zufügen, sei es durch böswillige Angriffe oder durch Verstöße gegen ihre Statuten und Reglemente.

Artikel 19. Die Wahrung des Ansehens des Berufsstandes ist ein Pflichtgebot für alle Public-Relations-Fachleute. Sie sind nicht nur verpflichtet, den Kodex selbst einzuhalten, sondern auch:

a) beizutragen, dass der Kodex möglichst weit verbreitet sowie besser bekannt und verstanden wird,
b) alles in ihrer Macht Stehende zu unternehmen, um sicherzustellen, dass die Entscheidungen dieser Disziplinarstelle über die Anwendung des Kodex befolgt und dass verhängte Sanktionen durchgesetzt werden.

Public-Relations-Fachleute, die einen Verstoß gegen den Kodex zulassen, verstoßen dadurch selbst gegen den Kodex.

Anhang 2 – Öffentlichkeitsarbeit kurz erläutert

Aufmacher
Wichtigster Artikel auf einer Zeitungsseite. Wird in aller Regel durch Zusatzfarben oder Unterstreichungen besonders hervorgehoben und meistens mit einem Foto versehen.

Business-TV
Eigenes Fernsehprogramm für eine bestimmte Zielgruppe. Wird in Deutschland insbesondere sehr stark von Großbanken und Versicherungen für die direkte Ansprache ihrer Mitarbeiter genutzt. Die Vorstandsvorsitzenden der Konzerne wenden sich einmal wöchentlich zu einer bestimmten Zeit an die Mitarbeiter, um so über anstehende Aufgaben und weitreichende Änderungen unmittelbar zu informieren. Ansonsten dauern die täglichen Sendungen in der Regel 30 Minuten, sind wie Ratgebersendungen konzipiert und werden von professionellen Moderatoren gekonnt geleitet.

Clipping
Auch Pressespiegel genannt. Die „kampagnerelevanten" Print- und Onlinemedien werden ausgewertet, die entsprechenden Berichte ausgeschnitten bzw. ausgedruckt und anschließend in eigenen Mappen oder Heftungen (Clippings) tage- oder „kampagnenweise" zusammengestellt. Anschließend werden die Inhalte von PR-Fachleuten genau unter die Lupe genommen und auf ihre Zielerreichung hin untersucht. Sofern erforderlich, wird die PR-Strategie, nach vorheriger Absprache mit dem Kunden, geändert und die PR-Maßnahmen auf die aktuellen Anforderungen hin ausgerichtet.

Consumer Relations
Hier stehen nicht die absatzorientierten Beziehungen im Vordergrund, sondern der Aufbau eines positiven und nachhaltigen Dialogs zwischen Kunden und Unternehmen.

Corporate Culture
Die Gesamtheit aller in einem Unternehmen gelebten Normen und Werte.

Corporate Design
Das gesamte interne und externe Erscheinungsbild eines Unternehmens. Dazu gehören alle Formen der Schrift-, Zeichen- und Farbgebung sowie eine einheitliche Schrift- und Logogestaltung.

Corporate Identity
Das nach innen und außen gezeigte bzw. transportierte Wesen eines Unternehmens. Wird meistens in Leitlinien „Für was wir stehen" formuliert.

Corporate Image
Das Ansehen, das ein Unternehmen oder eine Organisation in der Öffentlichkeit bzw. bei den Beschäftigten genießt bzw. als Zielvorgabe genießen möchte. In der Fachliteratur oftmals auch als interne Verankerung und externe Positionierung bekannt.

DPRG e.V.
Deutsche Public Relations Gesellschaft e.V. – Berufsverband Öffentlichkeitsarbeit. Sie wurde 1958 als Berufsverband der deutschen PR-Fachleute gegründet. Sitz der zentralen Geschäftsstelle ist Bonn: St. Augustiner-Str. 21, D-53225 Bonn; http://www.dprg.de.

Ente
Agentur- oder Zeitungsfalschmeldung.

Event
Beliebtes PR- und Kommunikationsinstrument. Produktpräsentationen, Jubiläen, Einweihungen, Messeeröffnungen etc. finden im Rahmen einer besonderen Veranstaltung oder einer großen Party statt. Hintergrund: Der inszenierte Anlass sorgt in aller Regel für eine adäquate Medienberichterstattung.

Fahne
Korrekturabzug eines gesetzten Manuskripts.

Feedback
Rückkoppelung im Kommunikationsprozess; Reaktion der anderen Markt- oder Dialogteilnehmer auf ein bestimmtes Verhalten.

Homepage
Der Auftritt eines Unternehmens im www, der im Allgemeinen mehrere Seiten (Pages) umfasst.

Image
Das Ansehen eines Unternehmens, einer Organisation, bestimmter Personen in der Öffentlichkeit. Einem Image liegen keine konkreten und objektiven Urteile zu-

grunde, es entsteht vielmehr durch allgemeine Informationen, kurzfristige Eindrücke und subjektive Erfahrungen. Das Erscheinungsbild in der Öffentlichkeit wird nachhaltig durch die Medien geprägt.

Impressum
Vom Gesetzgeber vorgeschriebene Angabe über die verantwortlichen Herausgeber und Redakteure einer Zeitung oder Zeitschrift.

IVW
Informationsgemeinschaft zur Feststellung der Verbreitung von Werbeträgern. Sie Ermittelt und veröffentlicht die Auflagen von Zeitschriften und Zeitungen je Quartal (http://www.ivw.de).

Kontakter
Berufs- bzw. Funktionsbezeichnung für den Mitarbeiter in einer PR-Agentur, welcher den regelmäßigen Informations- und Meinungsaustausch zwischen dem Kunden und der Agentur koordiniert und pflegt bzw. Neukunden akquiriert.

Layout
Optischer Aufbau bzw. grafische Gestaltung einer Seite (Broschüre, Prospekt, Zeitung etc.).

Lobbying
Gezielte Beeinflussung von (politischen) Entscheidungsfindungsprozessen.

Mailing
PR-Instrument, das in der Regel aus einem Brief mit Informationsmaterial (Broschüren, Flyer, Prospekte etc.) besteht und mit einem Dialogelement (z. B. Antwortkarte oder -fax) versehen ist.

Markt- und Meinungsforschung
Konsequente, zielorientierte Erfassung und Untersuchung von Marktfaktoren (Absatzmöglichkeiten und -ziele) und Meinungsäußerungen potenzieller und tatsächlicher Kunden. Den maßgeblichen Kaufmotiven und Erwartungshaltungen der Kunden kommt dabei besondere Bedeutung zu. Die im jeweiligen Marktsegment herrschende Konkurrenzsituation wird dabei entsprechend gewürdigt.

Monitoring
Recherchieren und Aufbereiten von Informationen für ein bestimmtes Thema.

Multiplying-Effekt
Unterschiedliche Medien werden für eine Kampagne, für ein Werbeziel eingesetzt. Beispielsweise unterstützen Radiospots die Wirksamkeit von TV-Werbefilmen oder es werden örtlich zur Unterstützung von Anzeigen noch Flyer und Plakate eingesetzt etc.

Öffentlichkeitsarbeit
Nach Oeckl versteht man unter Öffentlichkeitsarbeit das bewusste, geplante und dauernde Bemühen, gegenseitiges Verständnis und Vertrauen in der Öffentlichkeit aufzubauen und zu pflegen.

Off the record
(Noch) nicht zur Veröffentlichung bestimmte Sachverhalte; bei so genannten Hintergrundgesprächen, die häufig vor oder nach einer offiziellen Medienkonferenz stattfinden, werden wichtige Journalisten oder Multiplikatoren mit diesen vertraulichen Informationen versorgt.

PR-Berater
Fest in einer Agentur angestellter oder freiberuflich arbeitender Medien-Fachmann, der als Generalist oder Spezialist in den Bereichen Analyse, Strategie, Konzeption, Kontakt, Beratung, Verhandlung, Text und kreative Gestaltung, Implementierung, operative Umsetzung und Nachbearbeitung bzw. -betreuung tätig ist.

PR-Maßnahmen
Alle Maßnahmen zur Verbesserung oder Optimierung der Kommunikation und Information im Bereich Öffentlichkeitsarbeit.

Public Relations
Synonym für Öffentlichkeitsarbeit.

Redaktionsschluss
Feststehender Annahmeschluss von Artikeln und sonstigen Beiträgen für eine bestimmte Ausgabe einer Zeitschrift oder Zeitung.

Sperrfrist
Der Hinweis auf einer Medienmitteilung, dass vor dem genannten Zeitpunkt über dieses Thema nicht berichtet werden darf.

Sponsoring
Monetäre Förderung eines Projektes in den Bereichen Sport, Kultur und Umwelt. In der letzten Zeit vermehrt auch im sozialen Sektor (Social Sponsoring) in Erscheinung getreten.

Vorspann
Die meist fettgedruckte Einleitung zu einem Zeitungs- oder Zeitschriftenartikel.

Werbebudgetierung
Im Rahmen einer gesamtheitlichen Werbeplanung werden die Ausgaben für eine Planungsperiode festgelegt. Berücksichtigt werden sollten hierbei: die Budgethöhe, die sachliche Aufteilung und die zeitliche Verteilung des Budgets.

Zielgruppe
Kunden-, Wähler- oder Käuferschicht, die mit einer PR-Kampagne angesprochen werden soll.

Recherchierte Online-Adressen und Literaturverzeichnis

Online-Adressen

http://www.agenturcafe.de

http://www.fachpresse.de

http://www.ggmedia.de

http://www.kontakter.de

http://www.kress.de

http://www.media-daten.de

http://www.medienbulletin.de

http://www.prforum.de

http://www.spiegel.de

http://www.welt.de

http://www.wuv.de

Fachliteratur

Aktuelles Lexikon. Süddeutsche Zeitung. München 1992 bis 2000.

Allhoff, Dieter W.: Rhetorik & Kommunikation. 9. Auflage, Regensburg 1990. (11. korrigierte Auflage 1996)

Asgodom, Sabine: Eigenlob stimmt. München 2000.

Avenarius, Horst: Public Relations. Die Grundform der gesellschaftlichen Kommunikation. Darmstadt 1995. (2. überarbeitete Auflage 2000)

Baerns, Barbara: PR-Erfolgskontrolle. Messen und Bewerten in der Öffentlichkeitsarbeit. Verfahren, Strategien, Beispiel. Frankfurt 1995.

Balfanz, Detlev: Öffentlichkeitsarbeit öffentlicher Betriebe. Regensburg 1983.

Bogner, Franz M.: Das neue PR-Denken. Strategien, Konzepte, Maßnahmen, Fallbeispiele effizienter Öffentlichkeitsarbeit. Wien 1990. (3. aktualisierte und erweiterte Auflage 1999)

Blankmann, Dr. Hermann: Bitte keine PR-Amateure – Kommentar veröffentlicht in: *Schifffahrt und Technik* Heft Nr. 5 – September 2001.

Dorn, Margit: Plakat. In: W. Faulstich, Grundwissen Medien. 4. Auflage, München 2000.

Englert, Sylvia: Die Jobs der Zukunft. Frankfurt am Main 2000.

Faulstich, Werner: Grundwissen Öffentlichkeitsarbeit. München 2000.

Harris, Godfrey: Empfehlen Sie uns weiter! Wien, Hamburg 1999.

Lindner, Wilfried: Taschenbuch Pressearbeit. Heidelberg 1994. (2. überarbeitete Auflage 2001)

Oeckl, Albert: Geschichte der Public Relations. In: Dieter Pflaum u. Wolfgang Pieper (Hrsg.): Lexikon der Public Relations. 2 Auflage, Landsberg am Lech 1993.

Pauli, Knut S.: Leitfaden für die Pressearbeit. München 1993.

Reineke, Wolfgang u. Eisele, Hans: Taschenbuch der Öffentlichkeitsarbeit. 3. Auflage, Heidelberg 2000.

Weis, Hans Christian: Marketing. 4. Auflage, Ludwigshafen 1983.

Wöhe, Günter: Einführung in die Allgemeine Betriebswirtschaftslehre. 14. Auflage, München 1981.

Zeitschriften, Broschüren und Beilagen

Auto-Bild. Heft Nummer 37 vom 14.9.2001.

auto motor und sport. Heft Nummer 16 vom 25.7.2001, Artikel „Heimat, deine Sterne" sowie diverse weitere Artikelüberschriften. Heft Nummer 21 vom 2.10.2001, Artikel „Glänzend aufgelegt".

Der Spiegel: Heft Nummer 26 vom 25.6.2001, Artikel „Clevere Verführer – ein Besuch bei der Werbeagentur Jung von Matt".

Handelsblatt. Wochenendausgabe vom 4./5.2000. Beilage Karriere.

Impulse. Heft Juli 2000, Artikel „Promis peppen Events auf".

Informationen zur politischen Bildung. Heft Nummer 260, 3. Quartal 1998. Thema: Massenmedien.

Leitlinien und Berufsbild der deutschen Public Relations Gesellschaft (DPRG) 1997. In: PR-Kolleg Berlin (Studienmappe).

Print Process. Publikation der Heidelberger DruckMaschinen AG – Special 2000. Thema: Pressefreiheit.

Süddeutsche Zeitung. Beilage Nummer 41 vom 19.2.1999. Thema: Messe Kongresse Tagungen.

Süddeutsche Zeitung. Beilage Nummer 262 vom 12.11.1999. Thema: Messen 2000.

Süddeutsche Zeitung. Beilage (Ausgabe 250) vom 30.10.2000. Thema: Medientage 2000.

Stichwortverzeichnis

A
AIDA 65
Aktionsplanung 47f.
Attachement 33
Attraktionen 68

B
Bild 30
Briefverkehr 33
Browser 37

C
CD-ROM 32, 80
Code d' Athene 93
Code de Lisbonne 93, 95

D
Deutsche Public Relations Gesellschaft e.V. (DPRG) 93
digitale Medien 32

E
elektronische Medien 27
E-Mail 33
Ethik 93

F
Fachpresse 20
Fachzeitschriften 19
Fernsehen 28
Film 15, 28
Firmenjubiläum 80
Flugblatt 25
Form 51
Foto 21, 30

G, H
Gestaltung 51
Glaubwürdigkeit 66
Gründungsveranstaltung 56
Hörfunk 15, 27

I
Imagebroschüre 32
Imagespot 29
Imagevideo 29
Internet 15, 36

K, L
Kostenplanung 44
Krisenmanagement 82
Krisensignale 81
Krisensituation 81
Kundenzeitschrift 20
Lobbying 5, 12

M
Marketing 5, 10f.
Medienauswahl 49
Medienbaum 15, 58
Mediendatenbank 59
Mediengestaltung 51
Medienkonferenz 64
Medienkontakt 50
Medienmitteilung 61, 64
Medienpartys 76
Medienstammtisch 56
Medienwege 49
Meinungsbildner 56
Meinungsführer 42
Messe 12, 20, 72
Mittelplanung 44, 47

Multiplikatoren 55f.
Mundpropaganda 58

O, P
Online-PR 37
Plakat 23
Planung 39
Planungsmethoden 45
Presse- bzw. Medienkonferenz 15, 64
Presse- bzw. Medienverteiler 58 f.
Pressemitteilung 5, 59f.
Pretest 54
Printmedien 16
PR-Konzept 42
Prospekt 20
Publikumszeitschriften 19

R
Redaktionsbesuch 55
Reichweite 50

S
Strategie 40, 47
Strategieplanung 40, 42
Suchmaschine 38

T
Tag der offenen Tür 67
Tageszeitung 16, 17
Talent 61
Telefon 31

V
Video 15, 28
VIP-Einladung 69
virale PR 58
virales Marketing 58

W
Werbefunk 27
Werbung 5, 10
World Wide Web 32, 36

Z
Zeitschrift 19
Zeitung 16
Zielgruppe 42
Zielgruppensegmentierung 40, 42, 47
Zielplanung 45, 47